JN010894

記者とコネができて、
何度も取材してもらえる!

手紙を書いてマスコミにPRする方法

新装版

“想い”をこめた
「お手紙プレスリリース」
で心をつかむ!

坂本宗之祐

自由国民社

はじめに

はじめまして。坂本宗之祐と申します。全国紙の新聞記者（社会部）を11年経験し、日本各地を取材してきました。政治行政の堅い話から、街かどの心温まる話まで、様々な記事を書きました。その後独立し、ネットメディアで記事を書いたり、企業にコンサルティングをしたりしています。

メディアコンサルタントの活動を始めて間もない頃のこと。今も忘れられない出来事がありました。ある社長さんと会話していた時、記者の感覚から「非常に面白い」と感じる取り組みを耳にしました。そこで、「それ面白いですよ、プレスリリースに内容をまとめて、マスコミに知らせましょう」と伝えました。しかし、社長から返ってきた言葉に、僕はショックを受けました。

「えっ、私でもマスコミにプレスリリースを送っていいの？」

思わず絶句しました。新聞記者時代、プレスリリースは毎日当たり前のように接していたものでした。自分にとって当たり前すぎて、世の中の人すべても同様だと無意識に思い込んでいたのです。「マスコミにお知らせしてくれるのが当たり前」「マスコミは何でも知っている」。その思い込みに気づかされた瞬間でした。

やがて、マスコミに情報を届ける、という考えを持つ経営者の方が少数だということに気づくようになります。彼らにとってマスコミとは、自分から近づくことは「恐れ多い」と感じる、遠い存在でした。漠然と「自分がビジネスで成功したら、自然とマスコミが取材に来るんだろう」としか考えていなかったのです。

このことを知り、僕は大いに反省させられました。新聞記者として数多くの取材をこなし、広く世の中を知ったつもりになっていました。しかし、まだまだマスコミがリーチできていない、広い広い未開拓の荒野が広がっていることを、まざまざと実感させられたのです。「マスコミに届くプレスリリースは、世の中の情報のほんの氷山の一角」だったのです。

僕は新聞記者時代から、「マスコミは市民の味方だ」「市民とマスコミが手を取り合って、良い世の中を作るんだ」と考えていました。ところが現実には、世の中にはマスコミのことをよく知らなかったり、遠い存在だと思ったりしている人がとても多いのです。そして一方、マスコミ側にも、せっかくニュース価値があるのにキャッチできていない人や会社が多数あり、見過ごしているという実態があるわけです。

残念ながら、両者の間には溝が横たわっています。しかも、この溝は年々、少しずつ広がっているように感じます。心ない的外れなマスコミ批判が増えているのは、こういう背景もあるのかもしれません。マスコミの世界に長く身をおき、育ててもらった自分としては、残念で仕方がありません。

でも、僕は希望を感じています。コンサルタントとして、マスコミと市民の橋渡しをすることで、たくさんの絆が育まれるのを目の当たりにしてきました。**記者は、市民とのつながりを求めています。**そして市民の多くも、マスコミとのつながりを求めているのです。

今日も大きな会社から小さなお店まで、多くの市民の方々が厳しいビジネスの現場で奮闘しています。稼がなければご飯が食べられません。生き残るために、お客様を集める必要があります。注目を集めなければなりません。その手段は数あれど、インターネットが盛んになった今日でも、マスコミに出ることは、お客様の注目と信頼を集める最短距離の手段と言えるでしょう。

ただ一方で、新聞記者は、お金を直接稼ぐような仕事ではありません。「武士は食わねど高楊枝」という人々です。そんな記者の一人だった自分がコンサルタントとなり、多くの経営者と出会いました。彼らを通じ、お金を稼ぐ厳しさと尊さを学びました。「こんなに素晴らしい方々が世の中にいるのだな」と感動の連続でした。彼ら経営者は、社会部記者時代に多く接した官僚などの組織人とは違った、独立自尊の爽やかさがありました。そして記者の視点から見て、「面白い！　すぐ記事になる。ネタの宝庫じゃないか」と感じることが、多々あったのです。

しかし現実は、その中でマスコミに取り上げられている方はごく一部に過ぎませんでした。「どうしてこんな素晴らしい方が、知られずに埋もれているんだろう?」。当初は不思議でした。その理由の一端が、冒頭のエピソードのように彼らのマスコミへの知識不足にありました。マスコミにどうアプローチすればいいのか？知らない方がほとんどだったのです。

「えっ、私でもマスコミに手紙を送っていいの？」という問いに、今の自分はこう答えます。

「もちろん、いいんです。いや、むしろやるべきなのです！」

資本力の乏しい事業者は、大手企業のように、何千万～億単位のお金を突っ込んでテレビＣＭをバンバン打つことはできません。しかし、社会に届ける価値がある、素晴らしい取り組みであれば、マスコミは取材によって報道します。つまり、無料です。

新聞テレビのニュース報道の土俵では、お金のあるなしは関係ありません。なぜなら、マスコミ記者は、お金で動くような人種ではないからです。

社会の役に立つか？人の心を打つかどうか？　それがマスコミ記者が報道するひとつの大きな基準です。お金ではないのです。記者たちは、報道を通じて「世の中を良くしていきたい」という思いを強く持っています。逆に、「宣伝」にはきわめて冷やかです。**今、マスコミに届くプレスリリースの多くは、ゴミ箱行きです。なぜなら、「心」が感じられないからです。**見た目はこぎれいにまとまっていますが、「マスコミを宣伝に使おう」というあざとさが、記者に見抜かれています。取材する気にならないものばかりなのです。誰もが知るような有名企業のプレスリリースでも、正直こういうものが大半です。

ですが、僕は考えました。

真摯に仕事に取り組む方々の「想い」を、「手紙」という形でしたためれば、きっと多くのマスコミ記者の心をとらえるに違いない――。
規模は小さくても、真摯な思いを持って事業に取り組む方々が、次々とマスコミに想いを手紙で伝え始めたら、どうなるだろうか――。

お手紙のような書き方で、想いを込めてマスコミにアプローチする。この方法をクライアントさんに指導し始めたところ、予想通り「取材が来ました！」という報告が相次ぎま

した。

クライアントさんの成果がうれしいのはもちろんでしたが、初めて記者と接した方々が「記者さんって素晴らしい方たちなんですね」と口々に言ってくださったのも、僕にとって喜びでした。そして手紙を受けた記者たちは、やりがいや使命感を持って取材に乗り出してくれ、市民と記者の絆が育まれていく手応えを感じています。

そして、こうして生まれる良質なニュースは、世の中全体にも恩恵をもたらしています。

あなたもぜひ、マスコミに宛てた『お手紙プレスリリース』を書いてみてください。あなただからこそできる、社会貢献を発信してください。きっとマスコミ記者とのつながりと共感が生まれていきます。マスコミ記者は、自らの仕事の使命を思い出し、燃えます。そして多くの人々が、あなたの存在を新聞テレビで知ることで救われます。あなたとマスコミと世の中の「三方よし」が実現するのです。

この本が、あなたを新しいステージに導く一冊になることを心から願っています。

目次

第4章 マスコミ記者のニュース観を、脳内インプットする

第5章

自らの強みを知り、取材されやすいメディアを見つける

第6章

お手紙プレスリリースの送り方

第1章

なぜ、マスコミに手紙を書くべきなのか？

――あなたの「想い」を伝えてほしい――

マスコミ記者の本質は「情報屋」である

マスコミというのは、人の「想い」をやりとりする仕事だと考えています。**ただの情報ではなく、そこには必ず人の何らかの想いが宿っている**と思うのです。

新聞記者は、一般の方が思われているよりも、はるかに泥臭い仕事です。華麗に文章を書く、文章のプロと思われているようです。しかし僕は記者時代、上司のデスクに、記事を書く作業は「排泄作業」だと言われました。原稿を書くまでの取材が、新聞記者の仕事のメーンです。記事を書くのは、その泥臭く積み重ねた取材のアウトプットに過ぎないのです。だから長時間、机に座ってウンウン原稿を書いていると、「バカヤロウ、新聞記者は会社にいても飯のネタは落ちてないぞ。さっさと外に出てネタ探してこい」と怒られたものでした。

つまり新聞記者は、情報屋です。**レアな情報は、人を介してしか、もたらされません。**

だから新聞記者は人と直接会って、**向き合い、信頼関係を築いていくことが何よりも欠かせない**のです。

取材する相手は、守秘義務を背負う公務員や政治家、企業経営者たちです。会うだけでも簡単ではなく、たとえ会えても重要な情報は、当然あっさり教えてもらえることはありません。

新聞記者にも色々なタイプがいて、理詰めでロジックを固めて、取材相手をギリギリと冷徹に締め上げる先輩記者もいました。一方で、ひたすら雨の日も風の日も足繁く通いつめ、根性で相手に食い込む記者もいました。

駆け出し記者を育む、人情味あふれる人々

僕自身は、自分の取材スタイルをなかなかつかめず苦労しました。新聞記者になって最初の数年は、失敗の連続でした。当時は若く血気も盛んだったので、ケンカ腰で取材に臨むことがよくありました。社会を良くする、悪いやつをやっつける、という正義感からで

したが、今思えば、独りよがりだった部分が多かったなと反省しきりです。

やはり当然と言うか、そうしたスタイルでは取材は上手く行きませんでした。取材相手と信頼関係を結ぶには程遠く、レアな情報をつかむことなど到底できなかったのです。

ただ、新聞記者として膨大な人と会って話をするようになり、自分の中で少しずつ変化が起きていました。自分は人見知りで、対人恐怖の傾向すらあったのですが、人と会って会って会いまくるうちに、人に対する恐れが徐々に和らいでいったのです。

全国紙の新聞記者は、ほぼ全員がそのキャリアを地方都市でスタートします。僕の初任地は大分県でした。もちろん縁もゆかりもない土地です。１９９９年から４年半を、僕は大分県で過ごしました。

最初の1年は本当に苦しいものでした。人と話せない、文章を書けない。ダメ記者もいいところでした。休みは少なく、深夜の呼び出しも日常茶飯事。毎日上司のデスクには罵声を浴びせられ、「辞めたい…」と考えたことも、一度や二度ではありません。

でも、そんなダメだった自分を支えてくれたのは、大分の温かい人たちでした。

記者になって数か月の頃、住宅街で一人のおばあさんが殺される殺人事件が起きました。

事件解決の手がかりを求めて、汗だくになりながら、来る日も来る日も近所の家々を聞き込みして回りました。たくさんの方々が取材に協力してくださり、おばあさんに関する情報を教えてくれました。何週間たっても事件解決の見通しが立たなかったのですが、やがて無数の聞き込み情報が統合され、僕の頭の中には一度も会ったことがないおばあさんの姿がありありと立体的に浮かび上がるほどになりました。とても苦しかったのですが、1か月たってついに犯人逮捕。情報提供に協力してくださった近所のおばさんが「大変だったね、よく頑張ったね」と、差し出してくれたビワの味が今も忘れられません。

また、人物紹介コーナーに載せるために、ある編み物教室の女性の先生を取材しました。取材の要領を得ない自分は、一回の訪問できちんと取材を尽くすことができず、後日になって「あっ、これも聞き忘れていた…」と、何度も問い合わせの電話をかけて、迷惑をかけてしまいました。にもかかわらず、記事が出た後に、温かい手紙をお送りくださり、僕のことを励ましてくださったのです。

目を閉じて振り返れば、商店街のおばちゃんや、温泉宿の女将さん、公共施設の館長さん、農家のおじいさんなど、お世話になった方々のたくさんの顔が次々と浮かんできます。こうした方々の支えがあったおかげで、僕は少しずつ新聞記者として、いや人として多くのことを学び、成長していくことができたとしみじみと実感します。感謝の気持ちでいっぱいです。そうした方々の多くは、利害得失抜きに人としての思いやりを示す大切さを教えてくださったのです。

　そうした方々との触れ合いを重ねるに連れて、僕は人との接し方を改めていくようになりました。それまでは「特ダネが欲しい」という自利、利己的な姿勢が当時の自分には強くありました。取材時に「この人と付き合うと損か得か」などと考えがちでした。ですが、そうした身勝手な考え方は、重要情報を握る取材相手に見抜かれていたのでしょう。特ダネなど取れるはずもありません。

　そこで、人から奪うのではなく、人に先に与えよう、という方向に改めていきました。**利害得失抜きに、目の前の人を喜ばせること、人に貢献すること、こちらから何かできること、楽しませることを考えて行動する**ようにしたのです。すると、不思議なことに自分を信頼してくださる方が増え、その結果どんどん希少な情報が集まるようになり、いくつも特ダネを書けるようになっていったのです。

　そうなると、仕事が楽しくて仕方なくなりました。というか、仕事と遊びの境界がなくなっていくのです。取材テーマに没頭して、現場に足を運び、取材先の方々と交流を深めていくうちに、仕事で必要な情報もどんどん集まってくる、という好循環が生まれました。

また、記者として、社会の公益のために、取材を拒む相手にも粘り強くアプローチをする必要がある場面に何度も直面しました。不正が疑われる政治家の関係者の取材などです。申し入れても、会ってすらくれない。そういう方には、**便せんにボールペンの手書きで、心を込めて手紙を書きました。**なぜ、お会いしたいのか？　自分は何者で、どういう取材をしているのか？　この取材が世の中にとっていかに意義があるのか？　あなたのお話がいかに社会的な価値があるのか？　ウソやはかりごと、テクニックは一切考えず書きました。文体も文字も下手くそだったと思います。

ですが、手紙を出した後、それまで何度取材を申し入れても反応すら全くなかった元閣僚の側近から「あなたの手紙には感動した。想いがとても伝わってきた。だが本当に申し訳ないが、取材には応じられないんだ」と、心から申し訳なさそうに電話がかかってきたことがありました。このように、心を込めた手紙によって、それまで無反応だった相手が心を開いてくれたことは、一度や二度ではありませんでした。

こうしたこともあり、**人と信頼関係を築いていくには、どんなテクニックよりも、誠実**

に心を込めることが一番大事なのだ、ということを確信するようになりました。新聞記者という仕事では、たくさんの人の心に触れることができ、つくづく幸せな日々だったと思います。

マスコミに届く「プレスリリース」の実態とは？

ただ一方で、明らかな下心を持って、われわれ記者にも近づいてくる人も後を絶ちませんでした。マスコミの強力な発信力を利用するために、自己に都合の良い記事を書かせようというわけです。ですので、そうした怪しげな情報提供には、常に警戒し、記事にする際は裏付けをしっかり取る作業を怠りませんでした。ただ、こうした怪しげな情報提供の中には、特ダネになるような本当にレアな情報もたまにあるので、おろそかにはできないのです。

ですが、「明らかな下心」が見え見えでありつつ、特ダネになりそうな期待感すら抱かせない情報提供が大量にあります。これが昨今の「プレスリリース」です。多くの企業が送ってくるプレスリリースに、記者はうんざりさせられています。なぜなら、ほとんどのプレスリリースが、送り先の記者にマッチする情報提供になっていないのです。つまり、「数打てば当たる」とばかりに、商品やサービスの情報を無差別に様々なメディアや部署にばらまいているのです。

僕がかつて所属していた読売新聞東京本社の社会部には、毎日大量のプレスリリースが届いていました。ファクス、電子メール、郵送で送られてくるのですが、どれもが商品やサービスの案内です。**無機質な情報の羅列ばかり**で、そこには人の想いや温もりが感じられないのです。新聞を読んでいれば、社会部の記者が社会面で商品サービスの紹介記事を載せることはないのはわかるはずです。そんなプレスリリースを、名のある大企業ですら、ためらいなく送ってくることに、驚きと失望を感じずにはいられませんでした。

記者、中でも特に社会部記者は、「世の中の役に立つ記事を書こう」という意識を持っています。マスコミは社会の公器だと自覚しているので、「ごく一部の人間の利益のために、利用されてたまるか」と考えています。

そんな**記者たちに対して、「売り込みチラシ」を送りつける行為は、無意味である以上に、リスクです。**記者は「この会社は、自分のことしか考えていない会社なんだな」と、迷惑業者の烙印を押してしまうからです。

大きな企業ほど、「効率化」を徹底して追求しており、その流れでプレスリリース配信も専門業者に委託しているところが大半のようです。電子メール、ファクスといった便利なツールで一斉送信すれば、それは楽でしょう。ですが、目先の効率に目を奪われた結果、「マスコミ記者に取材に来てもらう」という目指す成果から遠ざかっていることに、気づいていただきたいのです。

企業が営利を追求する過程で、なりふり構わない姿勢がこのところ目に付きます。先日、目にしたＡＦＰ通信のニュースで「ニュージーランドの先住民マオリ、営利目的の『ハカ』に怒り」という記事がありました。ラグビーのニュージーランド代表「オールブラックス」というチームが、試合前に行う「ハカ」という戦いの踊りがあります。先住民マオリの伝統文化で世界的に有名です。これを英国や日本の企業が無断でハカを真似たダンスを営利目的で使用（恐らく広告・ＣＭでしょう）しており、これにマオリが怒っている、という記事でした。

企業が営利目的でマスコミを利用しようとする姿勢に対する、マスコミ記者の怒りもこれに近いものがあります。マオリの伝統文化と次元はかなり異なるかもしれませんが、新聞テレビといった報道機関は、特定の誰かの利益のために存在するものではありません。社会・コミュニティのみんなのために存在しているものです。少なくとも真っ当な現場の記者たちはそう考えています。それなのに、「自らの営利に利用しよう」という姿勢を露骨に見せられて、怒らない記者はほとんどいないでしょう。

マスコミ記者の現状

新聞、テレビの記者は、この本を手にとって読んでくださっているあなたと何ら変わりのない一人の人間です。悩んだり苦しんだりしながら、日々仕事と向き合っています。感情のある人間です。そのことをまず知っていただきたいと思います。

ただ、彼らの仕事はハードです。ニュースは突然起きることも多いため、24時間体制で働いています。しかも昨今はネットの影響もあり、テレビも新聞もかつてほど経営は盤石ではありません。そのため、取材現場にいる記者の数は、どこも減っている傾向にあります。このため、一人がいくつもの仕事を掛け持ちせざるを得なくなり、一人ひとりの負担は増しています。

本来の記者という仕事の良さは、会社に縛られない自由なところでした。世の中に溶け込み、数多くの情報源とつながり、まだ世間に知られていない情報をつかみ取ってくるのです。携帯電話がなかった昔は、何週間も会社に戻らず、久しぶりに顔を見せたと思ったら、ものすごい特ダネ記事を出してくる。そんな先輩記者の話も聞いていました。

ですが、今はそんな牧歌的な時代ではありません。上司から四六時中、携帯に電話がかかってきます。ここ数年は、携帯のGPSでどこにいるか?まで管理されているそうです。これでは、記者は否応なく指示待ちになってしまいます。自発的な意思によるネタの発掘は、時間的にも能力的にも厳しくなっています。こういうこともあってか、最近の新聞やテレビの報道には元気がありません。目を見張るようなスクープや、記者の情熱のほとばしりがビシビシ伝わってくるような記事がほとんど見られません。「やっつけ仕事」で記事を書いているんだろうな…というのが、新聞から伝わってくるのです。

記者を取り巻く現状は、このように厳しいものです。**目先の仕事に追われているため、自ら市民の中に飛び込み、コミュニケーションを取る機会が減っています。**

それでも、記者はネタをいつも求めています。マスコミの人はクリエイターであり、いつも表現することを望んでいます。そのための素材を日夜絶えず求めています。

あなたは、そうした記者たちに貢献することができます。あなたは記者に助けてもらいたい、と考えているかもしれません。が、そうではなく、あなたと記者は対等な立場です。そして、あなたのネタ（素材）が記事や番組になることで、お互いハッピーになれます。あなたが記者と心のこもったコミュニケーションを取れるようになるほど、やっつけ仕事ではない、生き生きとした記事や番組が増えます。その結果、新聞やテレビに接する世の中の人々をハッピーにしていけるのです。

お手紙の基本的なスタンス――「記者の口説き」

こういうこともあり、ぜひあなたには、無機質な情報の羅列に過ぎない「プレスリリース」ではなく、「お手紙」を記者に届けていただきたいと思っています。そのメリットはまず第一に、メールやファクスで届くプレスリリースよりも、記者は手紙の方がはるかに「読んでみたい」と思えること。そして第二に、手紙は書き手の顔が見えるので、記者は安心感を感じ、取材を決断しやすくなる、という点です。

新聞社には、大量のファクスやメール、郵便物が届き、その多くが売り込みチラシだった、というのは先ほど触れた通りです。ですが、それらの中で、記者が特に注目するものがありました。それが「**手書きの手紙**」でした。なぜなら、印刷物なら不特定多数にばらまかれているのがすぐ想像できますが、手書きの手紙であれば、「わが社あてに特別に届けられた、レアな情報」である可能性が、他よりもはるかに高いからです。

マスコミは、他社に先駆けて、まだ世の中に知られていない情報を報じることに、大きな価値を置いています。平たく言うと、手紙なら「**特ダネになる情報かもしれない**」、つまり手柄を立てられるかも、と記者は考えるのです。

そしてもうひとつ、手紙に注目する理由があります。それは、読者さまからの記事に対するご感想である可能性も高い、ということがあります。記者にとって、**読者さまからのお褒めのお言葉**は、何物にも代え難い喜びです。記者たちは、記事で世の中に良い影響を与えたい、と考えている人たちです。ですので、世間さまから反応をいただくことは、まさに記者という仕事の醍醐味とも言えます。そうした手紙を目にした時は、自分が多少なりとも世の中の役に立っている、という実感を得られる瞬間です。もちろん、お褒めの言葉とは限らず、厳しいご指摘であることのほうが多いかもしれません。それでも手紙は、記者に仕事の手応えを感じさせてくれる、ありがたいものなのです。

僕自身、自分が手がけた記事について、何度かお手紙を頂いたことがありました。それはそれは、うれしいものです。読者さまの想像以上に、記者は一本一本の記事に心血を注いでいます。記事は、自分の作品であり、子どものようなものです。

さらにこの手紙で、はるかに僕を喜ばせたものがあります。それは何だと思いますか？

簡単なことなのですが、**僕自身の名前あてに届いた手紙**です。読売新聞の記事は基本、記名がありません。でも、たまに署名入りになることがあります。そうした記者名を見てくださり、「坂本宗之祐」あてに送ってくださった手紙には、もう頬ずりしたくなるほどでした。

ただ、マスコミへの手紙自体、それほど頻繁に届くものではありません。さらには、読者さまから個別の記者あてに届くということは、ほんのごく一握りです。ですから、手紙が届けば真っ先に開封しますし、すごく印象にも残ります。

だからこそ、あなたにはチャンスがあります。あなたは、マスコミ記者に、振り向いてもらいたいわけです。関心を持ってもらい、好きになってもらいたい。ある意味で、異性間の恋愛に近いです。相手を口説き落とす、その目的を達するアプローチ方法として、手紙はとても有効です。上記のような記者の心理を踏まえて、記者を喜ばせ、あなたの要望を伝えるのです。

デジタル全盛の今、なおさらアナログな手紙にチャレンジする価値が大いに高まっています。この本を手にしたあなたは、非常にラッキーです。

第2章

お手紙プレスリリースを書こう

お手紙のようなプレスリリースを書いてみよう

さて、この章から実際に手紙の書き方に入っていきます。僕はあなたに、マスコミにはどんどん手紙を送っていただきたいと考えています。広い意味での手紙と言えば、記事や番組を見た感想、記者たちへの励まし、など様々考えられます。どんなものでも良いのです。ただ、この本を読んでいるあなたは「取材を受ける」ことを目指しているはずです。ですので、「取材に来ていただくことをお願いする形の手紙」を、この本ではガイドしていきます。目的は、一般的な「プレスリリース」と同じではありますが、書き方はかなり異なってきます。

では、その手紙はどう書くのか？　手紙ですので、**大前提として「私」を主語にした一人称で語っていただきます。**あなたは、実名で、ご自身の素性を明らかにして、「これを取材していただければ幸いです」というアプローチを行います。

今は、ネット全盛の時代になっています。ネットには良いところもたくさんありますが、

「匿名」で発信できるところにひとつの問題があります。出所不明、責任不在の言説が飛び交っているのです。なので、新聞やテレビの記者たちは、匿名による無責任な情報発信には、見向きもしません。

マスコミ記者にとっての情報の信頼性は、次のような構図になります

匿名・ネット（デジタル）＜実名・アナログ（手紙など）

ネットを使って、名前も名乗らずに（社名だけで）発信するプレスリリースには、人間味が感じられません。取材する気が起きにくいのです。それに対して、手紙で、名前をきちんと名乗ってつづられた文章には、きちんと向き合ってくれます。

あなたもさっそく、お手紙プレスリリースを書いてみましょう。

書く流れを、ステップ1～5に分けて以下にお示しします。

ステップ1 テーマを決める――基本の3パターン

まず当然、何をお知らせするのか？取材をお願いするのか？を決めないといけません。

イベントのお知らせや、商品・サービスの紹介、といったものが考えられます。「こういうイベントをやります」「新しい商品を発売します（サービスを開始します）」というものが、プレスリリースとしては最もオーソドックスなものです。このような、「新しい動き」であった方がマスコミの取材は比較的、来やすいです。**【イベント・新商品お知らせパターン】**

ただ、直近にこのような「動き」がない場合は、「あなたの会社・事業の活動紹介」というスタイルでもいいでしょう。**【自社紹介、事業紹介パターン】**

あるいは、自社の枠にとらわれず、もっと幅を広げて、あなたの「業界」で起きている動きや取り組み、というものを知らせるパターンもいいでしょう。業界内だけの動きではニュースになりませんが、業界の現場にいる人にしかわからない「社会全体のトレンドの兆候」が現れることは、とてもよくあります。それは記者にとってはニュースなのです。

【トレンドお知らせパターン】

「そんな知らせ方では、うちは取材されないんじや？」と思われるかもしれません。でも、安心してください。記者が知らないような、業界内でしか知られていないニュース性のある話であれば、記者はあなたを取材し、取り上げてくれます。

ステップ 2 知り合いへの「お手紙」のように書き始める

手紙ですので、「初めまして」や「こんにちは」、「お世話になっております」などといった書き出しです。こういうプレスリリースはほとんどありません。人気（ひとけ）を感じさせる書き出しなので、記者はつい気になります。

それから、「毎日の取材活動、お忙しいことと存じます」などと、相手への気遣いをさりげなくみせておくと、好印象を与えることができます。

一般的なプレスリリースは、会社などの「組織」が、マスコミという「組織」に送るものと一般的に理解されています。そうではなく、あなたも記者も、組織に所属はしているかもしれませんが、そこを越えて「個人」から「個人」へ送るものであるということが、この書き出しでより理解していただけると思います。

ステップ3 「客観的事実」と「想い」の両方を書く

そして、本文に入っていきます。手紙なので、あなたの想いを込めて書いていただきます。ただ、注意すべきなのは、**一方的に想いばかりで文面を埋めつくさない**、ということです。

記者は「情緒的」な側面があります。熱意のある人や、利他的な精神を持つ人、あるいは人間ドラマを好み、「よっしゃ、応援しよう！」と考えることがよくあります。しかしその一方で、記者にはかなり「ロジカル（論理的）」な側面もあります。

いくら、あなたの熱い想いに共鳴したとしても、**記者は「客観的事実」でない限り、記事にすることはできません。**理性的・客観的に、あなたの情報へのニュース価値を感じさせつつ、感情の部分であなたに対する支持を獲得していくのが狙いです。

事実の裏付けのない、感情だけの想いは、いつまでもマスコミの記事になりません。熱い想いと、冷静な論理的思考のバランスが必要なのです。

ステップ4 あなたの「人生ストーリー」を盛り込む

想いと客観的事実を語りつつ、さらにあなたの「人生ストーリー」を盛り込むことは、効果的です。

あなたが経験してきた人生の歩みは、確定的な事実です。わかりやすいのは「○○大学卒業」「○○株式会社に入社」などですね。こうした過去の事実は嘘がつきにくく、記者も検証しやすいのです。こうした歩みをストーリーの形で示すことで、今のあなたが抱いている「想い」への説得力を、大幅にアップさせることができます。

例えば、「Ｊリーガーを目指し、サッカー名門校の○○高校に入学したものの、病気で体を壊してサッカーを断念。『自分のような辛い想いをする選手を一人でも救いたい』と、スポーツ医学が学べる○○○○に入学しました」のような流れです。

すると、記者は「なるほど、そういう経緯があって、そういう想いに至ったのですね」と納得でき、さらに共感してくれやすくなるのです。

このように、**あなたの人生ストーリーは、論理的にも、感情的にも、あなたのプレスリリースを補強する材料になります。**

そもそも、**ストーリーは理屈抜きに「面白い」**です。世の中には全く同じ人生というものはなく、あなたの人生の歩みは唯一無二のものです。なので、どんな人の人生ストーリーも「面白い」作品となり得ます。あなたが密かに持っている強力なコンテンツなのです。

ステップ
5
ニュース性のある「タイトル」を決める

全体的に書き上げてから、「タイトル」を決めます。**文章の中で、最も「ニュース性のある部分」を抽出して、タイトルの一文に凝縮する**のです。タイトルづけは、超重要です。記者はタイトルを見て、その本文まで読み進めるかどうか?決めるからです。

ほとんどのプレスリリースは、本文まで読まれていません。なぜなら、あまりにもいい加減に付けられたタイトルばかりだからです。

タイトルの長さは、せいぜい20~30文字程度。**小学6年生でもすぐ理解できる言葉**を用いましょう。また、記者がニュースのポイントが一瞬で理解できるように、**具体的な単語や数字を用いる**と効果的です。

抽象的な表現は、全然印象に残らず、スルーされてしまいます。また、専門用語やアルファベットは、記者は見た瞬間に読みたくなくなるので、使用は避けましょう。

タイトルは本当に重要なので、ここは練りに練ってください。

本当は秘密にしたい、マスコミへの手紙のひな形を公開します

それでは、具体的にどのように書けばいいのか？　本当は公開したくないのですが、イメージしやすいように、取材をお願いする「マスコミへの手紙」のひな形をお見せします。

（※タイトル。20字程度）

例：アレルギーの子どもとママを
笑顔にするイベントを開催します

お世話になります。私は（※住んでいる自治体）○○市在住の○○○○○（※お名前）と申します。（※仕事、活動）×××の活動をしている者です。

記者様におかれましては、日々の取材活動にお忙しいことと存じます。心身ともハードなお仕事とうかがっております。くれぐれも健康にご留意ください。

さて、このたび、××××の活動を始めることにしましたので、お知らせいたします。

---

①**（※社会の現状）**現在、…………という現状があります。

②**（※活動の動機）**そんな中、私は……を……したい、と考えました。そこで、今回の……を始めることを決断しました。

③**（※あなたのストーリー）**私は、……を経験しました。また…………という過去があります。

④**（※あなたの決意）**私は、……で悩む方を、一人でも多く救いたいと考えています。

（※催し日時ありの場合）この催しは、○月○日、○○市○○の○○センターで開催します。

（※取材のお願い） 大変お忙しいかとは存じますが、この件につきましてご取材いただき、報道のお力で多くの方に知らせていただければ幸いです。

よろしくお願いいたします。

（※名前）○○○○○

住所

電話番号

いかがですか？　世の中で出回っている「プレスリリース」とは、かなり印象が異なると思います。

根本的に異なるのは、「私」という一人称で、想いやストーリーをしっかり盛り込んでいることです。

マスコミ記者への手紙は、「**ラブレター**」です。その目的は、あなたに惚れてもらうこと。その他大勢のプレスリリースよりも、「えこひいき」してもらうことです。

マスコミ記者に、「この人なら」と思わせる決め手は、あなたの「志」「想い」です。

あなたはマスコミを通じて、広い世の中に発信しようとしています。「これから、こうしたい！」という夢やビジョンがあるはずです。**まず最初にやるべきことは、あなたの発信したい「想い」、「志」を明確にしておくこと**なのです。

なぜ、マスコミ記者への手紙には「想い」が重要なのか？　マスコミ記者は、理想を追い求める傾向があります。形而上的な思考を好みます。そもそもお金儲けをしたい人であれば、マスコミ記者を志望しません。基本的に、実利を求める人たちではありません。お金よりも名誉を重んじ、世の中を良くしたいのです。だから記者たちは、実利ばかりを追い求める人や会社を心の中で軽べつしています。逆に、格調のある精神をリスペクトします。

このため、あなたの志を明確にしておくことは、マスコミ記者に高く評価される土台となります。

手紙なので「想い」のあるなしがとても重要になってきます。薄っぺらい想いしかないと、せっかくの手紙の効果が半減していまいます。なぜなら記者たちは、文章のプロです。口先だけの上部の文章は、すぐ見抜かれてしまうのです。

しかし、**本物の「想い」であれば、記者たちは共感します。**ですので、手紙を書くに当たり、最初にすべきことは、あなたの志、想いを明確にすることなのです。

前記のマスコミへのお手紙の流れを見てみてください。一連の流れになっています。「こういうことをやります」「世の中はこういう状況です」「私はこういう経験をしてきました」「こういうビジョンを実現したいと考えています」という流れです。これらは、マスコミが取材するために、必要な要素です。

それぞれについて、説明していきます。

①社会の現状

あなたがやる活動と、世の中の関わりについて説明するものです。

マスコミは、社会の動きを伝えるのが役割です。世の中との関わりがない、個人的な活動なら、マスコミが取り上げることはありません。世の中があなたの活動を必要としている状況を、専門家のあなたの視点から伝えてあげてください。

マスコミは、あなたの専門分野については素人です。例えばあなたが花屋さんなら、お花を通した世の中の様子をいつも見ています。そして、お花の専門家のあなただからこそ見える世の中の動きがあるはずです。

世の中といっても、難しく考える必要はありません。あなたの周りで起きている状況をとらえればいいのです。

例)

・商店街の人通りが減り、街の活気がなくなっています
・赤ちゃんを出産後、うつになるお母さんが増えています
・パソコン操作が複雑で、困るお年寄りが増えています

②活動の動機

世の中の状況を①で書きましたが、その世の中をより良くするために、**あなたが使命感を持ってやること**を、ここで書きます。

取材をお願いするマスコミへの手紙は、すごく平たく言うと、「世の中がこうなので、私はこれをやります」です。世の中が先に来なければなりません。

ほとんどのプレスリリースは、世の中ではなく「自分」ばかりを押し出して書いているので、記者から相手にされないのです。

世の中の状況を書いた上で、あなたがやることを伝える。そうすることで、**マスコミにとってはそれが報道するに値する、社会的な意義のある活動として伝わります。**

さて、ここで実は、あなたの本音は「稼ぎたい」「儲けたい」であるかもしれません。さすがにそれをストレートに書くことは控えてください。本音はそうであっても、お金を払う人がいるということは、喜ぶ人がいて、世の中の役に立っています。お客さん目線でのメリットを考えてみてください。その「世の中にとってのメリット」を伝える書き方にしましょう。

世の中にメリットがあれば、マスコミが報道します。何度も言いますが、「世の中」を先に伝えます。世の中に先に貢献します。そうすると結果的に、マスコミ報道されることで、あなたは得をするでしょう。

③あなたのストーリー

さて、ここでは**それをやるに至るまで、どんな経緯があったのか?**をつづります。ストーリーには、2つの狙いがあります。

まず第一に、あなたが今回やることに至るストーリーがあることで、マスコミ記者は**「なるほど、思いつきではなく、それをあなたがやる必然性があるんだね」**と理解してくれます。つまり、あなたの活動の「説得力」が、大幅にアップするのです。

そして第二に、ストーリーは「面白い」ということです。**マスコミはドラマが大好き**です。あなたが経験してきたことは、他の誰も経験していない唯一無二の物語です。これは、あなたが保持するオリジナルの強力なコンテンツです。映画でも小説でも、結局は誰かの人生ストーリーですよね。ストーリーは娯楽なのです。

①②は、「今」の状況を伝えるものです。いわば「点」です。これにストーリーが加わると奥行きの伴った「線」となります。マスコミは、こうした時間軸の伴うストーリー、ドラマをとても好むのですが、プレスリリースではこうした人間くさいストーリーを感じさせるものが、ほとんどありません。

インディアンのホピ族の格言に、「物語りに長けたものが、世界を制する」という言葉があります。あなたは物語を上手に語ることで、周囲を巻き込み、影響力を高めていけます。ぜひ、この有効な手段を意識して使ってください。

④あなたの決意

ここでは、**あなたの取り組みを通じて、「こういう世の中にしたい」というビジョン、夢を伝えます。**

ビジョン、夢を語る人は、魅力的です。周りの人を引き付ける吸引力を持ちます。社会のリーダーです。いつの時代も、どんな国でも、夢やビジョンを持ったこうした人たちが、世の中を進歩・発展させてきましたし、時には新しい時代を切り開いてきました。

ただ、何の根拠もなく、「私は世界を平和にします！」などと飛躍した夢を語る人がいます。特に最近はネット時代ということもあり、中身のない空虚な美辞麗句が飛び交っています。そういう口だけの人は、マスコミに限らず、信用しませんよね。

ですがあなたは、上記の①②③を踏まえたうえで、将来のビジョンを語るので、マスコミに対して強い説得力を持つことができます。自分自身だけの強い思い込みだけで訴えるのではなく、客観的な社会状況を織り込んで訴えるので、論理的に伝わりやすいです。

いかがでしょうか？　では、あなたもこの形で文章を書いてみましょう。

次ページの質問に答えてください。番号は、前記のひな形の①〜④に対応しています。

ご自分と向き合いながら、じっくり考えて書き出してみてくださいね。

①世の中には、どんな課題があるのか？
どうしてあなたの活動が必要なのか？（ニーズ）
②あなたは、なぜそれをやるのか？（ミッション）
③それをやるに至るまで、どんな経緯があったのか？（ストーリー）
④それをやって、どのような未来を実現させたいのか？（ビジョン）

それでは、前記のひな形を元に作成し、実際にいくつものマスコミから取材が来た手紙式プレスリリースの実例をお見せします。

【お手紙プレスリリース実例1】

黒板に手書きするカラフル看板の温もりで、商店街を元気にします
～岐阜で初めて、豪州発祥のチョークアートに取り組んでいます～

初めまして、私は大垣市在住の稲川ひろみと申します。記者さんにおかれましては、日々の報道活動にお骨折りいただき、一市民としても感謝しております。

私は、岐阜市内と大垣市内で岐阜県初のチョークアート教室主宰と、チョークアート看板の制作活動をしています。

現在、地元の商店街などはだんだんと衰退化してきているという現状があります。

私は、温かみのある手描きのチョークアート看板で、街の活性化のお手伝いができればと考えています。

チョークアートとは黒板にカラフルなイラストや文字を手描きで描く、オーストラリア発祥の商業アートです。

チョークアートは趣味として楽しむだけでなく、看板やメニューボードとして利用できる実用的な面を持ち合わせています。

私はお店から依頼を受けてチョークアート看板を制作しています。チョークアート看板を設置されたお店からは、「商品の売上げが上がった」「お店のイメージアップになった」「チョークアート看板をきっかけにお客様とコミュニケーションがとれる」とのお声をいただいています。

また、岐阜と大垣ではチョークアート教室を開催しています。趣味で楽しみたい方からプロのチョークアート作家を目指す方まで、ものづくりの楽しさを伝えながら楽しくレッスンをしています。チョークアートは年齢に関係なく、誰でも手軽に始められるのも魅力です。

私はチョークアートを通じて、人や街を元気にしていきたいと考えています。

大変お忙しいとは存じますが、商店街を元気にするチョークアートにつきましてご取材いただき、報道のお力で多くの方に知らせていただければ幸いです。

何とぞよろしくお願いいたします。

岐阜教室：岐阜市真砂町12丁目6－1　Cdr多目的る～む内

大垣教室：大垣市領家町1－57　イープレイス内

自宅：大垣市××町○－○

tel. 090－0000－0000

グラフィカルチョーク　稲川ひろみ

黒板に手描きする、カラフル看板の温もりで、地域商店を元気にします

～岐阜で初めて、豪州発祥のチョークアートに取り組んでいます～

初めまして、私は大垣市在住の稲川ひろみと申します。記者さんにおかれましては、日々の報道活動にお骨折りいただき、一市民としても感謝しております。

私は、岐阜市内と大垣市内で岐阜県初のチョークアート教室主宰と、チョークアート看板の制作活動をしています。

現在、地元の商店街などはだんだんと衰退化してきているという現状があります。

私は、温かみのある手描きのチョークアート看板で、地域商店の活性化のお手伝いが出来ればと考えています。

チョークアートとは黒板にカラフルなイラストや文字を手描きで描く、オーストラリア発祥の商業アートです。チョークアートは趣味として楽しむだけでなく、看板やメニューボードとして利用できる実用的な面を持ち合わせています。

私はお店から依頼を受けてチョークアート看板を制作しています。チョークアート看板を設置されたお店からは、
「商品の売上げが上がった」
「お店のイメージアップになった」
「チョークアート看板をきっかけにお客様とコミュニケーションがとれる」
とのお声を頂いています。

解説

いかがですか？あなたにも書けそうな気がしてきませんか？　そんなに難しいものではないと、おわかりいただけると思います。

ただ、一読した印象以上に、様々な書き方に細かな意味が込められています。これまで説明してきた①世の中の課題（ニーズ）、②なぜそれをやるのか？（ミッション）、④どのような未来を実現させたいのか？（ビジョン）が、盛り込まれていると思います。

このプレスリリースについて、記者の目線で解説します。まず、この稲川さんの活動は、とても面白い取り組みです。社会性もあり、特異性も感じられます。

ひな形で示した「現状」では、商店街の衰退について書いていただきました。これは、今の日本社会全体が抱える課題、問題点のひとつに、ぴったり当てはまります。公共性・社会性のあるテーマです。僕自身も新聞記者時代、このテーマを取材して記事にしたことが何度もあります。

これは岐阜に限らず、全国の地方都市で問題になっているテーマです。マスコミは日本中の地方都市にありますが、社屋はだいたいどの会社も、街の中心部にあります。日本中の郊外に大型ショッピンセンターができ、その影響で市の中心部が衰退しているのを、市の中心部にいるマスコミ記者たちは、肌で接して実感しています。だから否応なしに、**多くの記者が商店街の活性化に関心を持っています。**その意味で、稲川さんのご活動は、評価に値するものです。

　商店街に限らず、「世の中に、いまこういう問題点があり、私の活動はその問題点を解決できます」。こういう取り組みを、マスコミは非常に高く評価します。この書き方の流れを、あなたも意識してください。

　しかも、チョークアートという取り組み。これは僕は知りませんでした。知っている人は知っていますが、まだそこまでポピュラーな手法ではないようです。その意味では希少性、物珍しさがあります。

　さらにいいのが、手書きの温もりが伝わるものであるという点です。こういうアナログな手法で、しかも画になる、となると、マスコミは放っておきません。

　稲川さんのお話をうかがった時、僕は手書きの文字やイラストの看板が、少しさびれた商店街の中で温かい雰囲気を醸し出す様子が、目に浮かんできました。

商店街が持つ古くからのイメージは、やはり「人と人のふれあい」です。そうしたイメージとも合致しています。このチョークアートはきっと、商店街を活性化できる可能性を持っている、と感じました。

このプレスリリースの場合、稲川さんの取り組み自体にニュース性がありましたので、稲川さんご自身の経歴・ストーリーは、それほど盛り込みませんでした。ただ、それも一文でも盛り込んでおくと、さらに厚みが出るでしょう。

また、欲を言えば、**このチョークアートを導入したお店の具体事例**ですね。**記者としてはこれを知りたい**です。どんな業種のお店に、どういう看板を設置したのか？お客さんの反応は？あるいは、具体的に「お客さんとお店の人の会話が増えた」などといった、チョークアート看板の効果まで盛り込んでアピールできると最高だったと思います。

ともかく、「商店街を活性化させるチョークアート」というコンセプトは、素晴らしいです。なぜなら、公共性・社会性があるからです。

ただ、注意点があります。チョークアート制作請負のビジネス面を、前面に出し過ぎないことです。ビジネスとして（儲けるために）やっている、ではなくて、「商店街を活性化したくてやっている」という姿勢を示すことです。

今回のプレスリリースは、イベントのお知らせではない**【自社紹介、事業紹介パターン】**でした。これでも今回は取材に来ていただくことに成功したわけですが、本来は、イベントを企画したうえでマスコミにお知らせする方が、ぐっと取材される可能性が高まります。

単なるお客様イベントではなく、公共色のあるイベントです。例えば、**商店街の方々向けに、カンタンにチョークアート看板が描ける無料講習会**、のようなものです。

あるいは、子どもたちを集めて商店街のお店の看板を描いてもらう、などのイベントを企画すると、テレビや新聞がたくさん集まりそうです。「子ども」を絡めると、取材されやすくなります。なぜなら、子どもはかわいいので、文句なしに画（え）になるからです。子どもでなくても、「商店街を元気にしよう」などといった社会性のあるテーマのもとに人々が集まって、前向きな活動に取り組む場面を用意すれば、マスコミは喜んで取材に来ます。

あとはタイトルです。タイトルが超×超重要です。強調しきれないくらい重要です。

タイトルには、それだけ見て、予備知識のない人でも、すべての意味が通じるように書く必要があります。できるだけ、一般になじみのない言葉は避けたいです。いくら文章のプロで知識豊富な記者であっても、普段なじみのない言葉が出た瞬間、思考停止します。プレスリリースは、中学生でもわかるような、プレーンな表現が望ましいです。専門用語は使わないことです。

そして**タイトルには、記者がビビッと反応するニュース性のあるワードを盛り込みます。**

稲川さんの場合、**「商店街」**というワードは、外せないキーワードでした。

第3章

伝える「想い」を明確にする

小さい会社でも、「想い」がマスコミを動かす

ＴＢＳテレビが放送した『下町ロケット』というドラマがありました。「吹けば飛ぶような」中小企業の佃製作所の社長が主人公です。帝国重工という巨大企業を向こうに回して、佃社長は「お前には夢があるのか？　オレにはある」と社員に熱っぽく語ります。

「うちは小さな会社なので、マスコミに取材されるのは無理ですよね？」と質問されることがよくあります。そんなことはありません。数字では計れないけれども、目に見えない熱い「想い」があれば、ニュースになる可能性があります。

企業についてニュース価値を判断する場合、どうしても企業の規模の大きさが、ひとつの判断基準になります。「年商1兆円」の企業の方が、「年商10億円」の企業よりも、社会に与える影響が大きいので、どうしてもそちらが記事になりやすいのは事実です。

しかし、この佃製作所の社長のような想いには、**人を感動させる力**が宿ります。企業規模では比較にならないけれども、この想いが**マスコミを動かす力と十分なりうる**のです。

「坂本さんのプレスリリースの書き方に、衝撃を受けました」と言われることがよくあります。プレスリリースについて、少し勉強したことのある方ほど、そうおっしゃいます。「想い」を込める書き方に、驚かれるようです。

多くのプレスリリース指導は、「インパクトを与える」ことに重きを置いているものが多いと感じます。記者にニュース性を感じさせようと、様々なテクニックを教えます。内容がシンプルに伝わるように、「想いなんて書かなくていい」と言い切るケースもあります。ただ、僕であったら、そのようなテクニカルなプレスリリースには、押し付けがましい売り込みくささを感じて、引いてしまいます。

確かに、ニュースの素材として、目に見える「客観的な事実」は必要不可欠です。しかし、複製可能なデジタル情報があふれかえるようになった今の時代、代替できない唯一無二のアナログ情報の価値が、相対的に高まっていると感じます。

僕は、マスコミ記者に取材に来ていただく、というあなたの目的を達成するために、「想いを込めること」はとりわけ大切なことだと考えています。目に見えないあなたの「想い」。マスコミ記者は、それを知りたいのです。

マスコミに届くプレスリリースの大半は、人間味が感じられません。取扱説明書のような退屈な文章、あるいは論文のように無理やり説得しようとする文章が多いのです。僕はずっと、なぜ「想い」をプレスリリースに書かない人たちばかりなのか？書いた人の顔が見えず、無機質で面白くない論文みたいな文章があふれているのか？不思議に感じていました。

しかし、よくよく考えると、日本の新聞やテレビ報道では、原稿を書いた記者の「顔」が見えません。こうした文章をみなさんが日々、目にしているので、「プレスリリースでも、主観や感情を入れずに書かないといけないのではないか」という意識が蔓延しているのではないかと気づきました。

日本では、記者たちは「客観的に報道する」という名目で、記者の主観を入れずに、事実のみを淡々と書くスタイルを叩き込まれています。一方で、欧米の報道機関では、割と記者個人の想いや主張を盛り込んで報道しています。

僕自身、新聞社を退職し、最初にブログで文章を書こうとした時、とても苦労しました。自分の感情を表現するような文章が書けなかったからです。文章を書く時は、ひたすら自分を押し殺す癖が、新聞記者11年の間に染み付いていたのです。しかし、ネットの世界では、書き手の想いや感情がのびのびと表現された文章が好まれます。報道の世界でも、これからは記者個人の顔が見えるような文章が、求められていくのではないか、と個人的には考えています。

いずれにしても、マスコミ記者は、自分の想いは書かないくせに、「人の想い」にはとても興味・関心を持っています。そして、文章から受ける印象よりも、はるかに人間味のある人たちです。

さらには、プレスリリースに限らず、ソーシャルメディアを使ったネット上での情報発信においても、**「人の顔」「想い」がうかがえるような文章を書くことは、今からの時代、必須のスキルになりつつあります。**

あなたの活動や、商品、サービスには多かれ少なかれ、かかわる方に「こうなってもらいたい」という想いが込められているはずです。それをじっくり掘り起こしていただきたいのです。

なぜ「想い」がマスコミ記者に大切なのか？　僕自身の経験から説明します。新聞記者時代、取材対象の方に必ず尋ねていた質問があります。何だと思いますか？

僕はその質問をして、相手の方の答える様子をじっと観察していました。しかし、この質問にきちんとした答えを用意している人は、意外と少ないという印象でした。もちろん僕だけでなく、多くの記者は、この質問を取材相手に投げかけています。それだけ、記者たちにとって大きな関心事なのです。もしあなたが、ここで説得力のある答えができれば、あなたを見る記者の目が変わります。

さて、その質問とは何か？　少し考えてみてください。

考えてみましたか？　はい、では答えを言いますね。

それは、**「あなたはなぜ、その仕事・活動をやるのか？」**です。

前章で紹介した「取材をお願いする手紙のひな形」の中であげた②のミッションです。

あなたがその仕事をやる理由。つまり、あなたの「志」を聞いているのです。

幕末の長州藩の思想家、吉田松陰さんの言葉に「志を立ててもって万事の源となす」という言葉があります。何事も志がなければならない、志を立てることがすべての源だ、という意味です。これは本当にその通りだと思います。

いくらお金儲けしていても、志がない人にはあなたは共感しませんよね？　マスコミ記者も、誰かを取り上げる場合、「この人を取り上げたら儲かりそうだ」などと考えて、取材するわけではありません。民放のテレビ記者なら、多少は視聴率を考えるかもしれませんが、それでも社会的な責任を考えます。ましてやＮＨＫや新聞社の記者はなおさらです。**「社会に役立つ活動をする、この人を応援したい」と思えるかどうかが重要**なのです。マスコミ記者は、その人物が信用に足る人物か？そして共感できるか？いつもセンサーを研ぎ澄まして観察しています。

僕は、選挙に出る政治家に「どうして政治家を志したのか？」、よく尋ねました。

多くの政治家は、「日本のために」「地域のために」などと美辞麗句を語ります。でも、多くのケースは「あ、ウソを言ってる……」と感じざるを得ませんでした。「お金や権力をわしづかみにしたい！」という本音が透けて見える政治家が、テレビでもよく見られますよね。

が、これは政治家だけではありません。多くの人や会社が、「無味乾燥な美辞麗句」を振りかざしています。会社のホームページなどを見ると、経営理念やミッションなどが掲げられています。ですが、どの会社も「お客様の幸せに貢献する」といった、抽象的で印象に残らないものばかりなのです。

抽象的で耳障りの良い表現にしておけば、とりあえず格好はつきますし、誰からもクレームは受けません。サラリーマン的な「事なかれ主義」の産物かもしれません。

「とりあえず対外的に格好がつけばいい」。このサラリーマン的な思考が、そのまま昨今のプレスリリースに反映されています。つまり、**無味乾燥な美辞麗句、大げさな売り込み表現などがあふれ、人の「想い」が感じられない**のです。

本音の想いを語ると、物議をかもす可能性もあるでしょう。ネットであれば、「炎上」するかもしれない。しかし、であるからこそ、人の想いというのは、人々の興味関心を引き付ける要素があるのです。

ミッションや理念が「明確な言葉」で語られると、マスコミ記者は乗り出してきます。マスコミ記者はもちろん、地域や取引先から尊敬され大事にされるはずです。

なので、マスコミ向けのお手紙では、「想い」を込めてください。あなた自身、あるいは会社であれば、その製品やサービスに携わった人たちには想いがあるはずです。それはどんな想いなのか？それをまず明確に意識して、言葉にしていただきたいのです。そうすれば、マスコミ記者に強い印象を与えることができ、ライバルから一歩も二歩も抜け出すことができます。

マスコミは一度取材をして、「志」のある人や会社・組織だと感じれば、「また取材したい」と考えます。「応援したい」と思います。マスコミ記者は、広い世の中に情報をお届けするという、とても意義と責任のある仕事です。ただ、「自分たちは何も生み出していない、傍観者ではないか」と、僕自身は記者時代に感じる時がありましたし、多くの記者も密かに感じています。ですので、志や目標を持って行動して何かを生み出している人や会社には、うらやましさ、まぶしさを感じ、尊敬の気持ちを抱きます。

ですので、**想いのあるなしで**

- **取材されない。たまたま取材されても一回だけの「打ち上げ花火」で終わる**
- **何度も記者がやってくる「マスコミ注目企業」として、成長していく**

に分かれていくのです。

「世の中を良くする」視点が、記者の共感を呼ぶ

想いや志、といきなり言われても、まだピンとこない方もいらっしゃると思うので、少し説明させていただきます。

想いや志というと、「大金持ちになりたい！」とか「有名になりたい！」「出世したい」というものを思い浮かべるかもしれません。マスコミに伝える想いは、こういう個人の欲望に基づいたものでもいいのか？というと、答えは「やめましょう」です。

テレビや新聞といったマスコミは、「社会の公器」です。つまり建前としては、特定の誰かのために存在しているわけではなく、世の中のみんなのために存在している、という前提があります。

ですので、記者たちは「誰かの宣伝に利用される」ことを、極端に嫌います。とても警

戒しています。実際、記者には様々な企みを持った人たちが近づいてきます。マスコミの持つ発信力・信用力を利用しよう、と考え、記者に自分に有利な記事を書かせようとするわけです。

そうした人々に惑わされることなく、客観的で公平な記事を世の中に届けよう、と日々努めています。記者は「自分たちは、社会全体を良くするために、記事を書いているのだ」という想いを持っているのです。

このところ、様々なマスコミ批判をネットなどでは目にします。僕の目から見ても、企業・組織としては、いかがなものか?というケースはあります。ただ、世間で思われているよりも、取材の現場にいる個々人の記者たちは、はるかにまじめで純粋に世の中のことを考えています。

そのような「世の中を良くしたい」という想いを持って、日々記事を書いている記者に対して、**「自分さえよければいい」というプレスリリースを送ることは、控えていただきたい**と思います。

あなたがマスコミにお届けする手紙に込める想いは、「世の中を良くする」という視点に寄り添ったものにしてください。そうすれば、記者からの共感を勝ち取ることができます。

前章の「取材をお願いする手紙のひな形」に、①「社会のニーズ」がありました。これを書く理由がおわかりいただけたでしょうか。手紙には、**あなたが社会のお困りごとに取り組んでいる側面を、ぜひ盛り込んでいただきたい**のです。

自らの〝原風景〟を語り、説得力と共感を得るテクニック

自分の想い、については、なかなか自覚できないケースがけっこう多いです。自分にとって当たり前になっているので、自覚して言葉にできないのです。その結果、周りの人に理解してもらえないという残念な結果となります。あなたも無意識に秘めた想いがある可能性が高いです。

自分の想いを引き出し、第三者にうまく伝えるために、有効な方法がひとつあります。

それは、あなたの〝原風景〟を探る、ということです。
原風景とは何か？　デジタル大辞泉によると、「原体験におけるイメージで、風景のかたちをとっているもの」と解説されています。

あなたが今の仕事、活動を始めるに当たっては、そのきっかけとなる出来事があったはずです。また、会社であれば、その事業を始めるに至った、背景となるきっかけがあったはずです。

僕は、人を取材をする時は、その方の生い立ちをじっくり聞きます。生まれた土地のこと、子どもの時のこと、両親のこと、きょうだいのこと。そして、進学などの進路選択でなぜその道を選ぶ決断をしたのか？　その方の背景をお聞きしていくと、人それぞれ人生の岐路で、その道を選択した必然性が浮かび上がってきます。

記事にまとめる際は、こうして引き出した材料をもとに、今の活動に至るストーリーに仕立てていくのです。

例えば、建築デザインの仕事をしている人がいたとします。その方は「人と人が温かく交流できる空間づくり」をモットーにしていました。生い立ちをうかがうと、家庭はあまり裕福ではなく、狭い二部屋しかない家で高校卒業まで家族と暮らしていました。自分の部屋はなく、毎日、両親と妹の家族4人で、10畳の部屋でふとんを川の字に並べて寝ていました。貧しいながらも、家族と仲睦まじく育ってきたのです。

すると、「ははあ、なるほど。自分だけの空間がなかったからこそ、デザインの想像の翼を広げていくことができたんですね」ということがわかります。そして、ベースには家族同士の温かい触れ合いがあり、それを心地よく感じていたのでしょう。

この場合、この建築デザイナーの方の〝原風景〟は、「10畳の部屋で、家族と川の字に並べて寝ていた風景」ということになります。

この場面を、頭の中で想像してみてください。そして、この方の今の仕事に思いをはせてみてください。なぜ今その仕事をしているか?とても納得感がありますよね。さらには、この方に対して、親しみと共感が湧き上がってきませんか?

この建築デザイナーの方に「川の字に寝ていた場面って、すごくいいですね。それは面白いです。それがあなたの原風景ですね」と僕が言うと、本人はびっくりします。「え? そんなのが面白いんですか?　でも、そう言われてみたら、その経験が今につながっているのかな」と目を丸くします。この方に限らず、本人が自分の持つストーリー、原風景になかなか気づけていないケースが大半です。

あなたも、ご自分の半生を振り返ってみてください。あなたが歩んできた道は、あなただけが経験したものです。あなたにとって当たり前だと思っていた経験は、実はレアである可能性はかなりあります。そして、**その原風景をストーリーとして語ることによって、マスコミ記者はもちろん、第三者の方々に説得力と共感をもたらすことができます。**あなた自身、自分の原風景に気づくことで、自分が果たすべき役割をより明確に自覚できるメリットもあります。

ストーリーで、ありありと場面が目に浮かぶように語る方法

世の中には、「想い」を表現する言葉があふれています。「社会に貢献します」「お客さま第一」「夢と感動を与えます」「笑顔を広げます」……などなど。企業のホームページや

広告のキャッチコピーなどでは、こうしたキレイな言葉が並んでいます。どれも素晴らしいですね。すべての企業が、こうした美しい企業理念の言葉どおりに経営しているのであれば、こんなに素晴らしいことはありません。が、事実はちょっと違うようで、このところ名だたる大企業でさえ、お客の気づかないところで、不誠実な行為を繰り返していた不祥事を繰り返していたケースが続発しています。

要するに、ウソの想いを語る言葉が、世の中にあふれかえっているのです。

なのでマスコミ記者は、こうした言葉を真っ先に疑ってかかります。「記者を騙して、うちに有利な記事を書かせよう」という人や会社が世の中にはごまんといます。口だけなら、何とでも言えます。記者が取材して、相手が言うことを、そのまま記事にすれば、デタラメだらけの報道になってしまいます。なので、記者は「相手の話が本当かどうか？キッチリ裏を取って記事を書け」と教育されています。とにかく疑ってかからないと、成り立たない職業なわけです。

だから、せっかくあなたのような真っ当な方が、本心からの「良き想い」を語っていてもマスコミ記者からはそのまま受け取ってもらえない、という現状があります。

ですが、あなたの「想い」に説得力を持たせる方法があります。それが、「ストーリー」です。

前出の建築デザイナーさんの場合、「人と人が温かく交流できる空間を創ります」という想いを語るだけでは、弱いです。ですが、**過去にさかのぼって**、家族との触れ合いのストーリーを、「10畳の部屋」「家族4人で布団を川の字に並べた」のように**具体的に語る**ことで、想いに対する信ぴょう性が大幅に高まります。

過去の細かなストーリーまで、でっち上げることができる人は、ほとんどいません。逆にウソをつく人ほど、できるだけ「抽象的」に語ろうとする特徴があります。きっと良心の呵責があるのでしょう。記者はそのことを体感的にわかっているので、**「抽象的に語る人はウソをついている」と判断する傾向があります。**なので、あなたは「笑顔を広げる」のような抽象的な表現ばかりすることは、極力避けてください。具体的に語りましょう。

口だけ番長と、行動する人の大きな差

「想い」に説得力を持たせるのが、過去のストーリーだ、という話をしました。さらにもっと説得力と共感性を高める方法があります。それは、「現在」あなたが行動する姿を通して、未来のストーリーを語っていくことです。

新聞記者時代、数多くの政治家を取材しました。素晴らしい方もいるのですが、中には「口だけ番長」がいるのも、事実です。

例えば、「世界に平和をもたらす」という人がいます。政治家に限らず、この壮大な理念を口にする方はよくいます。

それはもちろん立派です。素晴らしいことです。が、それを口にしただけで、マスコミがそのまま記事にするか？　するわけがありません。

「具体的にどうやって世界に平和をもたらすの？」と、誰でも疑問に思います。

では、どういう人なら信頼されるか？というと、それは「言っていることと、行動が伴っている人」です。**具体的に「行動」をしている人であれば、マスコミも関心を向けます。**

例えば、マザーテレサは、目の前の人に、ただひたすら愛を注ぎ続けました。小さな行動の積み重ねが周囲を巻き込み、大きなうねりとなり、やがて多数のメディアが押し寄せ、彼女は有名になりました。

でも、「口だけ番長」には、誰も見向きもしません。信用されるはずがないのです。なので、立派な理念を掲げるだけじゃなく、「行動」してください。マスコミに取り上げてもらいたいなら、想いを「カタチ」にしてください。口だけなら、誰でも何でも言えます。あなたの「想い」をカタチにするために、イベントや企画のアイデアを出し、それを実行してください。行動する人に、マスコミも世間もついていきます。

そのように**行動しつつ、現在の行動の先にある未来を語ってください。**すると、それを聞いた記者には、現在のあなたの行動の裏付けがあるので、未来に至るストーリーがリアリティのあるものとして感じられるのです。

これから事業を始めようとしている人、あるいは事業の初期にある人ほど、夢のある話を語りがちです。やろうとしていることには想いに満ちあふれ、独自性があり、コンセプトが優れている。そうだとしても、まだ何も行動していなかったら、記者は取材しようがないのです。**小さな行動でも、実行していることが、取材するかどうかの大きな判断材料になります。**

想いを明確にすると、自分の殻を破れる！

さて、想いを明確な形にできると、対外的な説得力が増し、マスコミへの訴求力も高まるのは、これまで述べてきた通りです。

しかし、この想いを明確にすることのメリットは、ここにとどまりません。あなた自身の自己認識が変わります。そして、あなたの行動が変わるのです。

フラワーデザイナーの星野久美さんという方がいます。彼女は20年近いキャリアの中で、

1万5000点以上の作品を手がけ、ニューヨークやパリなどで作品を展示するなど、抜群の実力と実績をお持ちでした。しかし、「自分の売り込みはすごく苦手」とおっしゃって、マスコミから取材を受けることはあまりなかったのです。

ですが、星野さんは「メディアの方の力をお借りしたい」と一念発起され、坂本のコンサルを受けに来られました。星野さんのサロンに出向き、お話を伺うと、星野さんは発信したい想いをたくさんお持ちでした。それらの中から、社会性やニュース性のある部分を抽出し、マスコミにお届けするプレスリリースに、その想いを込めて仕上げていただきました（そのプレスリリースは、第5章で紹介します）。

その想いがこもったプレスリリースを手にした星野さんは、とても「自分を売り込むのが苦手」という方とは思えませんでした。新聞社、テレビ局、雑誌社に自らの足で次々と訪問し、記者や編集者たちに届けていかれたのです。

星野さんは言います。「プレスリリースで自分を売り込むと思うと、心が重かったのですが、想いを込めて書くと、自分で全く嫌な感じがなく、楽に書けました。そしてマスコミに届けても、**『売り込みをしている』という意識は、全然ありませんでした。**プレスリリースは、心や魂で訴えるもの、ということを坂本さんにしっかり教えていただきました。

自分の殻が破れて、本当に良かったです」。
その結果、星野さんは２０１５年９月下旬からの１か月の間に、６社ものメディアから次々と取材を受け、露出していくことに成功されたのです。

さて、次は、同じく素晴らしい想いにあふれたお手紙プレスリリースを紹介します。

【お手紙プレスリリース実例２】

豊橋のデイサービス３拠点で、認知症初期の進行予防や進行緩和ケアに取り組んでいます

～認知症で悩む方を一人でも多く救いたい～

はじめまして！　私は三浦 千歳（ちとせ）と申します。
記者さんにおかれましては、日々の報道活動にお骨折りいただき、一市民としてとてもとても感謝しております。私たちが日頃気軽に情報を得られますのも、すべて記者さん方の想像を絶する日夜ご苦労があってのことと拝察しております。

記者さんの今後益々のご発展を心より祈願しております。

私は、デイサービス（通所介護サービス）を３拠点運営する「小さな家 千歳」の運営統括責任者をしています。特に認知症を患う方（認知症高齢者・若年性認知症）のご利用を積極的に受け入れており、ご利用者様も職員も常に笑顔の絶えないとても家庭的なデイサービスです。また今年度に入ってからは、これまでの当社活動実績を認められ、地方自治体（豊橋市役所様）主導の「認知症施策推進検討部会」委員へ任命いただき、認知症高齢者等にやさしい地域づくりのための施策推進活動をさせていただいております。

認知症の治療や対応には、発症初期での対応がとても重要とされています。これは当社デイサービスの実績においても非常に強く言えることです。しかし、現実は残念なことに、発症初期での公的サービス（医療・介護）のご利用は非常に稀であるのが実態です。つまり、ご家族（独居生活ご高齢者の場合は民生委員様）は、いよいよ手を付けられなくなり〝どうしようもできないお手上げ状態〟にまで追い込まれて初めて公的サービスに相談に行くというパターンが多いのです。ですがそれでは「時すでに遅し」で、その後の進行予防のための介護ケアは実現叶わないだけでなく、その後の介護ケアにおいても非常に困難事例となりかねない（多くの介護サービス事業所からの利用拒否を受けてしまうこともある）という、ご家族にとっては非常に厳しい現実を突きつけられてしまう現象を多く目にしてきています。実は私どものデイサービスでは、そのように他社で断られた方が移行してきたご利用実績が多くあります。そのようなご紹介は、当社にとって非常に有難いことではございます。しかしその反面「もっと早期段階から関わらせていただけていたら、ご本人様やご家族様にはもっと違った今があったのでは？」と悔やまれる想いが常に付きまとっています。（実は当社運営の３事業所の生い立ちも、その悔しい想いが源で成り立っています。）

そこで私は、認知症で悩む方のためには初期段階での「医療機関への受診」や「介護サービス利用」について、もっと気軽に行動できる世の中にする必要があると考えており、それには認知症の要因となる病気そのものについてだけでなくそれにまつわるあらゆる影響やケアの実態を包み隠さずオープンにすることが欠かせないのでは？と考えました。豊橋市民の皆様の理解を得るためにも、「認知症は誰にでも発症し得る病気」そして「認知症の初期対応が大切」ということをどうしても広める必要があるのです。加えて、認知症を有している方だけが利用できる（つまり認知症を有していない方の利用はできない）認知症専門の「認知症対応型デイサービス」の知名度を高め、認知症の方同士が励まし合いながら安心して利用できるサービスの存在を知っていただいたうえで取捨選択のひとつとしていただきたいのです。

豊橋市役所様主導の「認知症施策推進検討部会」委員活動をお引き受けしましたのも、その想いあってのことでした。しかしこのような活動は、決して自治体様任せにしていてはならず、認知症高齢者様やその介護者様をよく知る私たち現場が主導になって活動しなければいけないと考え、この度、初期対応したその後の結果事例等を失敗含めて包み隠さず情報提供するための広報活動を始めた次第でございます。

私どもは、これまでの利用者様やご家族との御縁によって、本当に数多くの経験を積ませていただいています。認知症という病気がもたらす影響やご本人の気持ち・ご家族の想い・私たち介護職員の利用者様を想う心……私どもの「小さな家」デイサービスには、多岐にわたる喜怒哀楽ストーリーが詰まっています。また私どもには、今だから言える失敗経験やお恥ずかしい過去が沢山ございます。それら失敗談は、当然ながら当社の信用リスクにも繋がるかもしれません。しかしながら、日々懸命に介護なさっているご家族にとっては、また私どものような介護従事者の皆さんにとっても、必ずや共感いただける内容であり、介護の励みとしていただける要素も沢山詰まっているのではないか？と考えています。

私は、認知症で悩む方を一人でも多く救いたいです。また、そのような認知症を患う方を日夜介護なさっている御家族様を筆頭に、介護に携わる（当社のようなデイサービスをはじめその他諸々の介護事業所に所属する介護職員さんたちを含めた）多くの皆さんをも救いたいと考えています。認知症で悩む方あるいはご家族様にとっては、現場の介護職員が人手不足に陥ることなく元気に明るい笑顔で活躍できるという条件が欠かせられません。今や多くの介護事業所において介護職員不足の危機に瀕しています。今後ますます人手不足に陥ると言われている介護業種への求人率向上や、既に介護従事者として現場で活躍中の皆さんの励みに繋がる効果も生み出せ、現在抱えている介護業界の問題解決へも繋げることができますことを期待して……

大変ご多忙のなか恐縮ではございますが、課題多き介護業界において認知症にまつわる実態や当社の認知症対応の通所介護ケアについてご取材いただき、記者さんのお力で多くの方に、少しでも明るい未来に繋がる情報としてお知らせいただけますと幸いに存じます。そして国を主導として全国各地の地方自治体、豊橋市でも取り組んでおります「認知症高齢者等にやさしい街」となる第一歩としていただけましたら、そして日本全体がそのような国になりますように……と、強く願っております。

　何とぞよろしくお願いいたします。

いまだ暑さが残ります今日この頃、取材活動にご多忙な記者さんにとっては季節の変わり目対策も大変なご苦労がおありかと存じます。どうぞ御身体労わりご自愛下さいませ。

有限会社　小さな家　千歳

三浦　千歳

愛知県豊橋市高師町字水神29－14（本社所在地）

０５３２－62－１１０５（会社代表）

０９０－００００－００００（携帯）

E-Mail：ooo@oooo.com

有限会社 小さな家 千歳
〒440-0844　愛知県豊橋市高師町字水神29番地の14
Tel: 0532-62-1105　Fax: 0532-61-6828

２０１５年９月発信

報道関係者各位

豊橋市内のデイサービス３拠点にて、
認知症初期の進行予防や進行緩和対応ケアに積極的に取り組んでいます！
～認知症で悩む方を一人でも多く救いたい～
【ＢＢＱイベント開催のお知らせ】

はじめまして！私は 三浦 千歳（ちとせ）と申します。豊橋市の「認知症施策推進検討部会」委員をしている者です。記者さんにおかれましては、日々の報道活動にお骨折りいただき、一市民としてとても感謝しております。私たちが日頃気軽に情報を得られますのも、全て記者さん方の想像を絶する日夜ご苦労があってのことと拝察しております。記者さんの今後益々のご発展を心より祈願しております。

私は、デイサービス（通所介護サービス）を３拠点運営する「有限会社 小さな家 千歳」の運営統括責任者をしています。当社では、特に認知症を患う方（認知症高齢者・若年性認知症）のご利用を積極的に受け入れてきました。このたびデイサービスと認知症の現場の実態について、記者様にぜひ知っていただきたいと考え、止むに止まれず筆をとりました次第です。日本中で高齢化が進む中、認知症の方が増えています。認知症の治療やケアには、発症初期での対応がとても重要なのですが、発症初期で公的サービス（医療・介護）を利用される方は非常に稀であるのが実態です。豊橋市では「認知症高齢者等にやさしい街」を目指して取り組んでいますが、まだまだ程遠いと言わざるを得ません。ご家族は、いよいよ手を付けられなくなり“どうしようも出来ないお手上げ状態”にまで追い込まれて初めて公的サービスに相談に行くというパターンが多いです。ですが、それでは「時すでに遅し」なのです。私どものデイサービスでは、そのように他社で断られた方が移行してきたご利用実績が多くあります。当社にとって非常に有難いことではございますが、「もっと早期段階から関わらせていただけていたら、ご本人様やご家族様にはもっと違った今があったのでは？」と悔やまれる想いが常に付き纏っています。

そこで私は、認知症で悩む方のためには初期段階での「専門機関（専門医による診断や介護サービス）の利用」について、もっと気軽に行動できる世の中にする必要があると考えました。それには認知症の要因となる病気そのものについてだけでなく、それに纏わるあらゆる影響やケアの実態を包み隠さずオープンにすることが欠かせないのでは？と考えました。豊橋市民の皆様の理解を得るためにも、「認知症の初期対応の大切さ」をどうしても広める必要があると考えています。加えて、認知症を有している方だけが利用できる認知症専門の「認知症対応型デイサービス」の知名度を高め、認知症の方同士が励まし合いながら安心して利用できるサービスの存在を知っていただいたうえで取捨選択の一つとしていただきたいのです。

今年度に入ってから、これまでの当社活動実績を認められ、地方自治体（豊橋市役所様）主導の「認知症施策推進検討部会」委員へ任命いただき、認知症高齢者等にやさしい地域づくりのための施策推進活動をさせていただいております。ただ、このような活動は、決して自治体様任せにしていてはならず、認知症高齢者様やその介護者様をよく知る私たち現場が主導になって活動しなければいけないと考えています。**私は、認知症で悩む方を一人でも多く救いたい**です。　（裏面へ続く）

有限会社 小さな家 千歳
〒440-0844　愛知県豊橋市高師町字水神 29 番地の 14
Tel: 0532-62-1105　Fax: 0532-61-6828

（表面からの続き）
私は、**認知症で悩む方を一人でも多く救いたい**です。ご本人のみならず、ご家族様を筆頭に、介護に携わる多くの皆さんをも救いたいと考えています。それには、現場の介護職員が人手不足に陥ることなく元気に明るい笑顔で活躍できるという条件も欠かせません。介護従事者として現場で活躍中の皆さんに誇りを持っていただき、求人率が改善していくことも願っています。
大変ご多忙のなか恐縮ではございますが、課題多き介護業界において認知症にまつわる実態についてご取材いただき、記者さんのお力で多くの方に、少しでも明るい未来に繋がる情報としてお知らせいただけますと幸いに存じます。そして、国を主導として全国各地の地方自治体、豊橋市でも取り組んでおります「認知症高齢者等にやさしい街」となる第一歩としていただけましたら、そして日本全体がそのような国になりますように・・・と、強く願っております。何とぞよろしくお願いいたします。

最後になりましたが、当社毎年恒例の秋の一大合同イベント『バーベキュー』開催について、詳細を下記にてお知らせさせていただきます。
取材者さんにも秋の味覚をご堪能いただきながら、私どもと一緒にご参加いただくつもりで取材にお越しいただけますと幸いに存じます。どうぞよろしくお願い申し上げます。

記

1．実施日程：平成 27 年 10 月 7 日（水）
午前 11 時 30 分頃～午後 1 時 30 分頃まで
（当日の利用者様の状況次第で時間前後することもございます。予めご了承願います。）
2．実施場所：〒440-0843　愛知県豊橋市東幸町字長山 66-2
認知症対応型デイサービス『小さな家　東《はる》』施設裏庭
3．参加予定者：当社運営の以下３事業所の利用者様ならびに御家族様
◆一般型デイサービス『小さな家 千歳』
◆認知症対応型デイサービス『小さな家 東《はる》』
◆認知症対応型デイサービス『小さな家 絆』
当社取引関係者様
地域住民の皆様へも参加を呼び掛ける予定です。

以 上

＜概要＞
認知症を患っていても何ら問題なく季節行事を楽しんでいただきたいという想いや、認知症を患う方もそうでない方も分け隔てなく楽しんでいただきたく、当社では３事業所合同でのイベントを定期的に実施しています。今回催しイベントは、その中でも一大イベントの一つです。イベント会場の目の前にある、施設内畑で採れた新鮮お野菜をはじめ、お肉に魚貝類などの炭焼きグリルランチに定評をいただいています。

＜会社概要＞
有限会社小さな家千歳は、平成 15 年に古民家を改装して小さなデイサービスを設立しました。その後、認知症を有する方の利用を積極的に受け入れてきた実績を踏まえ、認知症専門のデイサービス２拠点を新設して現在は３拠点で運営しています。複数事業所運営のメリットもありながら、あらゆる難題課題も乗り越えてきた職員のチームワーク・統制力は抜群で、笑顔が絶えないことも誇りの一つです。ここ最近では、デイサービス専門誌から「認知症ケアの充実したデイサービス」と取り上げていただけ、記事掲載依頼等も入るようになりました。

＜本件に関するお問い合わせ＞
広報担当者名：三浦千歳
TEL:[redacted]　FAX:[redacted]　E-mail:[redacted]

解説

文章は長いですが、三浦さんの想いがひしひしと伝わってくるプレスリリースです。認知症の方のために力を尽くしたい、という真摯な想いに満ちあふれています。文章は荒削りで、通常のプレスリリースとはかけ離れたスタイルです。しかし、これをマスコミ各社にお届けしていただいたところ、思った通り、複数の記者から相次いで取材の申し込みがありました。

三浦さんに限りませんが、デイサービスのように、高齢者の福祉に関する業種は、取材される多くのチャンスがあります。マスコミ記者は、福祉やボランティアといった活動に、強い関心を示します。「社会的な弱者を助ける」という大義名分は、新聞テレビ報道に歓迎されるので、親和性が高いのです。

このお手紙で何より良かったのは、ご自身への利益誘導を匂わせる雰囲気がほぼ皆無で、「社会の役に立つ」姿勢が徹底されていたことです。多くのプレスリリースは、どこかしら宣伝目的の下心が感じられることが多いです。なので、この手紙を読んだ記者は、きっと鮮やかな印象を受けたことでしょう。

さて、書き方について説明します。あなたにも、あふれるほどの想いがあるかもしれません。ただそれを思うに任せてだらだら書きつづるのは考えものです。想いをしっかり伝えるために、記者が読みやすいように文章を整えて、お膳立てしてあげる必要があります。

その第一条件が「タイトル」です。記者が最初に目にするタイトルで、「ニュース性」を感じてもらうことです。そうすることで、たとえ本文自体が多少長いものになっても、記者は関心を持ちながら本文を読み進めてくれます。

タイトルのつけ方のコツのひとつは、具体的なワードを盛り込むこと、です。固有名詞や数字です。この三浦さんのケースでは、「**地名**」と「**施設数**」を入れました。もちろん、**デイサービスという業態の具体的ワード**も入れています。**多くのプレスリリースでは、このような根本的なワードを、入れ忘れています。**自分にとって当たり前となっていて、それを前提でタイトルから省いてしまっています。そうなると、初めて読む記者はその前提を知らないので、意味がわからないタイトルになってしまいます。このように、初めて読む人を想定していないケースが本当に多いので、注意が必要です。

それから、三浦さんのデイサービスの特異性のある部分を、端的な言葉で表現するようにしました。タイトルでは、その一文だけで、記者に「おっ?!」と思わせる必要があります。

三浦さんは最初、「笑顔絶えないデイサービス」という表現にしていました。これは本当にその通りなのでしょうけれど、他にも笑顔の絶えないデイサービスはいくらでもありそうで、ニュースだとは感じられません。また、笑顔という言葉は抽象的なので、記者に対して説得力がありません。

「笑顔」や「喜び」など、抽象的な言葉は便利なので、プレスリリースに盛り込む方は、非常に多いです。しかし、こうした言葉を目にするたびに、記者は「またか…」と思って信じませんので、こうした抽象的な言葉はできるだけ使わずに、具体的な言葉で表現するようにしましょう。

さて、三浦さんの場合、記者に「おっ?!」と思わせる要素は、「**認知症の初期対応**」という部分でした。「認知症は、初期の対応が非常に重要」ということは、僕自身知りませんでした。知らない記者も多いはず、と考えました。世間に知られていないことをマスコミを通じて知らせることは、とても大きな意義があります。しかもこれを知らせることで、多くの方を救えるであろうなら、記者はなおさら使命感を覚え、関心を示すものなのです。

しかも、三浦さんのデイサービスでは「認知症を積極的に受け入れている」と言います。多くの施設で認知症のお年寄りは歓迎されていないと思われる中、とても社会貢献性のある取り組みです。これは、一般のデイサービスとは明らかに異なる特異性のある部分だと言えました。

こうして、タイトルに「認知症の初期対応に取り組んでいます」という一文を盛り込んでいただいたのです。さらっと読むと、何ということはない一文ですが、これまで記述してきたような意図が込められています。

ただ、特異性やニュース性は、ご自分だけで考えていても、なかなか気づかないものです。予備知識のない、客観的な立場の第三者の方に、あなたの仕事や取り組みについて尋ねてみるといいでしょう。「えっ、そんなところに驚くんだ」という発見がきっとあるはずです。

三浦さんの今回のプレスリリースは「認知症の初期対応」をテーマにしました。ただ、本文の中でも少し触れてある「介護職員の不足」という部分も、社会性のあるテーマだと感じました。今の世の中が抱える問題点ですので、このテーマでまた一本、別のリリースを打てそうだと感じます。

ただし、注意してください。**「1つのプレスリリースには、テーマは1つ」が鉄則**です。一枚のプレスリリースにいくつも要素を盛り込む方がいます。「いろんな内容があった方が、取材される確率が上がるのでは？」と考えるのでしょう。しかし、それは逆です。

1つのプレスリリースに要素が分散しているほど、記者は混乱します。あるいは興味をなくします。その結果、きちんと中身を読んでもらえず、取材されないのです。なので、「1つのプレスリリースには、テーマは1つ」に絞ってお届けするよう、心がけてください。

第4章

マスコミ記者のニュース観を、脳内インプットする

ニュースに毎日、接するメリットは大きい

「マスコミに取り上げられたい」という方は大勢います。しかし、テレビや新聞の報道をしっかり見ている方は、まれだと感じています。

例えば、就職試験であれば、普通の方は受けに行く企業のことをしっかり調べるでしょう。また、学校などの受験においても、過去問題などを解いたりして対策するのは、誰でもやってこられたはずです。

しかし、ことマスコミへのアプローチとなると、「取り上げてもらいたいマスコミのことをしっかり知ろう」と考える人がほとんどいないことは、僕にとってはとても不思議なことです。

最初は、新聞やテレビごとの特徴まで事細かに調べなくてもいいです（後でやっていただきます。次の章でご説明します）。まずは、世の中のニュースのトレンドを知っていただきたいのです。

ニュースは日々移り変わり、その時々にどのマスコミも共通して取り上げるテーマというのが必ずあります。

マスコミにアプローチしたい方は、まず日々の新聞やテレビのニュースを見てください。「今、マスコミはどういうテーマや問題に関心を持っているか？」ということを知らないまま相手に受け入れてもらおう、と考えるのは、かなり難しい相談です。自ら成功のハードルを上げてしまっているのです。日々のニュースを見ていただければ、**マスコミ報道がどういうニュースであれば取り上げるか、という傾向がつかめてきます。**

僕自身、新聞記者になった１９９９年、最初に上司が教えてくれたことは、「新聞が最高の教科書だ。だから毎日読め」ということでした。記者はニュースの狩人です。なので、獲物となるニュースをつかんでくる必要があります。ですが、本物の猟師のように、獲物がウサギやイノシシなどはっきり目に見えてはっきりわかるならいざ知らず、記者がやみくもにネタを求めて歩き回っても、「何がニュースか？」がわかっていない限り、獲物はつかむことができません。僕は、今でも新聞がニュースの教科書だと思って読んでいます。そして「今こんなことがマスコミの関心事なのだな」とか、「へぇ、こういう切り口もニュースになるのだな」などと学んでいるのです。

現役の記者たちや僕ですら、日々のニュースで学んでいます。あなたもできれば日々のニュースに接してください。それを積み重ねていくことで、ニュースの感度が磨かれていきます。さらには、世の中に対する目が見開かれ、視野が広がっていきます。社会・世の中とあなた自身の関わりも見えてくると思うのです。

ニュースや世の中に対する感覚が、マスコミ記者とズレている人は、話がかみ合いません。テレビ局や新聞社には日々、膨大な数のプレスリリースが届いているのですが、そのほとんどは手に取った瞬間、この「感覚の違い」がはっきり感じ取れます。ニュースの感覚、あるいは世の中・社会に対する感覚が、マスコミ記者とズレています。つまり、自己利益を図ろうとする宣伝チラシばかりです。なので、大半のプレスリリースは〝秒殺〟されるのです。

　マスコミは、ニュースを扱う組織である、ということを知ってください。そしてその組織が求めている素材とはどういうものなのか？　それは一言で言うと、「社会性・公共性のあるもの」です。なので、新聞やテレビのニュースに毎日、目を向けていただけたら、社会性とは、公共性とはどういうものか？が飲み込めてくるはずです。その結果、あなたはご自身や会社の持つ社会性・公共性に気づけるようになり、マスコミから取材され、多くの人々に知られて行くようになるでしょう。

企業の社会的責任（CSR）は、マスコミに評価される

最近は、企業の社会的責任（CSR）の重要性が広く知られるようになってきました。企業はただ単に利潤を上げれば良いわけではなく、社会的な存在としての責任を果たすべきだ、という考え方です。こうしたCSR活動には、ボランティアや慈善事業などがあります。このような利益追求ではない、社会に貢献する活動に力を注ぐ企業は、消費者や取引先からの高い評価を受けるようになります。こうした社会性が重視される世の中のトレンドと、マスコミが長く追求してきた社会性・公共性は、大いに合致しています。そういう意味でも、マスコミ報道に日々、接しておくことは、あなたのビジネスにとってもメリットをもたらすに違いありません。

ニュースは、あなたが作るもの――米国ＣＩＡとの共通点

ここまで読まれて、あなたは「今の自分の仕事に、社会性なんてないよ…」と、もしかしたら思われるかもしれません。ですが、そんなことはありません。どのようなお仕事でも、それを必要とするお客様がいて成り立っている限り、何かしら社会的な要素があるのです。あなたは、それに気づいていないだけの可能性が高いです。

そこに自分で気づき、お手紙やプレスリリースでお知らせをすることができれば、取材を受けることができます。逆に言うと、ニュースになりたければ、あなた自身の能動的なアプローチが欠かせない、ということです。

誤解を恐れずに言えば、僕はニュースとは「作るもの」だと考えています。ニュースとは、自然にそこに転がっているものではありません。あなた自身が作れるものです。あなたが決意さえすれば、自分で作ることができます。**切り口・着眼ひとつで、ひとつの情報に価値を生み出す。**まさに、現代の錬金術です。

ニュースは作るもの。僕は10年以上、新聞記者をやって来た中でそれを実感してきました。例をひとつ挙げます。２００４年、ある県庁所在地の教育委員会が、ある記者発表をしました。僕はそれを取材に、市役所の記者クラブに出かけました。発表なので、他の新聞社、テレビ局、ラジオ局の記者たちもその情報は知っています。記者室には、多くの記者やテレビカメラがひしめいていました。

しかし……翌朝の朝刊では、大きな違いが現れました。うちの新聞は社会面トップ記事で大扱い。一方で、よその新聞では、地方版のベタ記事（つまり小さい）だったのです。

なぜこのような差が生じたのか？　それは、他の各社は、発表された情報のうわべしか見ず、問題意識も持たないまま、右から左に記事にしたからです。一方で、僕は発表の中にあった一部分に着目し、その部分にフォーカスして別の取材を敢行し、違う切り口で記事にしたからです。それによって、ニュース性に大きな差がついてしまったのです。

ライバル社の記者とデスクは、うちの新聞を手にとって、「そんな切り口があったのか、やられた！」と青ざめたことでしょう。そして、上司から厳しいお叱りを受けたはずです。

アメリカの情報機関ＣＩＡの情報員も同じです。誰も知らないスパイ情報ばかり探っているわけではありません。彼らが集めている情報は、９割以上が「誰もが手に入れられる情報」だといいます。ところが、それらのありふれた情報を「どういう切り口で判断するか？」が、ものすごく優れているわけです。だから、スパイたちが諜報活動で得る情報は、英語では単純な「インフォメーション」ではなく、「インテリジェンス」（知性）と呼ばれるのです。いかがでしょうか、切り口・着眼の大切さがおわかりいただけたでしょうか？

だからこそ、あなたがご自分のネタを「ありふれたネタ」だと思っていても、「切り口」「着眼」で、価値のあるニュースにまで高めることは可能なのです。

「ニュースを作る方程式」とは？

それでは、マスコミが取材したくなる社会性、公共性のあるプレスリリースはどうしたら作れるのか？について、これからお話をしていきます。

その方程式は、次のような公式で表現することができます。

「ニュースを作る方程式」＝自社の特異性×世の中の動き

どういうことか、解説していきますね。多くの会社がマスコミに届けるプレスリリースは、「自分の特異性」ばかりを強調するものがほとんどです。「自社のこの新商品は、ここがすごい！」「こんなに優れたサービスなんです！」などと、自分目線で必死にアピールするばかりです。

しかし、新商品やサービスの発表は、日本中でそれこそ毎日、山のようにあります。空飛ぶじゅうたんやタイムマシンとまではいかなくても、目新しい商品・サービスでない限り、「自社の特異性」ばかりアピールしまくっても、記者はニュースとして取り上げようとはなかなか考えません。

では、マスコミ記者の観点から言うと、どういうネタなら記事にしたいと考えるか？

それは、その商品・サービス、あるいは取り組みによって、「世の中がこう変わる」と、具体的な効用を説明できるものです。

記者にとっては、商品やサービスそのものは、ある意味でどうでもいいのです。**彼らが**

興味・関心を持つのは、「それによって〝世の中〟はどういう変化が起きるの？」ということなのです。なぜなら、マスコミ記者は、自分たちの役割を「世の中に役に立つ情報を届けること」だと考えており、視点はいつも広い世の中に向いているからです。

ですので、マスコミ記者のアンテナにかかるには、「あなた自身や会社と、世の中が関わり合うところ」に寄り添っていくことが大事なのです。

違う言い方をします。ニュースになるには、自社の特異性をアピールするだけでは不十分で、**その特異性と世の中の動き・トレンドが重なり合うところを示すことが必要**です。

いくつか例を挙げます。例えば、あなたの会社が新しいＩＴシステムを開発しました。金額はいくらで、こういう仕様です、とプレスリリースします。これではニュースになりません。このように、商品スペックの羅列ばかりのようなプレスリリースがとても多いです。そうではなく、このＩＴシステムと、社会との接点を具体的に語るのです。

例えばマイナンバーが２０１６年1月から導入されました。これはまさに社会の動きですね。このマイナンバー制度のスタートに伴い、個人情報の漏えい防止に頭を悩ませる中小企業が、手軽で安価に個人情報の漏えいを防ぐことができる。そういう話であれば、記者は「これは今までにないサービスだ、まさにマイナンバーが始まる今、多くの人に知らせる価値がある」と判断してくれるかもしれません。

もっとわかりやすい例を挙げます。東京スカイツリーが完成した時、メディアはその話題で持ちきりでしたよね。東京スカイツリー完成、それは社会の中での大きな出来事でした。そこに便乗し、近所のカフェなどで「スカイツリーパフェ」という新商品を売り出しました。それがニュースになりました。これは、その商品の特異性が、「スカイツリー完成」という世の中の動きと重なったからこそ、取材されて取り上げられたわけです。

仮に、この新型パフェを、スカイツリー完成と絡めなかったら、果たしてマスコミが取材したでしょうか？「新しいパフェを発売します」だけでは、マスコミが取材する可能性は非常に低いと言わざるを得ません。

「ニュースを作る方程式」＝自社の特異性×世の中の動き、という意味が、おわかりいただけたでしょうか？　世の中の動きに絡めることが、マスコミ記者へのアピールには欠かせないのです。ですので、**徹底的に世の中、社会のことを考え続けてください。**そのためにも、この章の最初にお伝えしたように、毎日マスコミのニュースに接していただきたいのです。

記者が取材したくなるネタづくりのポイント6つ

ニュースになる切り口には、いろいろなパターンがあります。それをこれから紹介していきます。

①社会貢献

これは最も基本的なパターンです。世の中には、いろいろな問題や困難を抱えた人たちがいます。例えば、東日本大震災などの災害で、住み慣れた我が家からの退避を余儀なくされている方々がいます。あるいは、過疎地域で日常の生活の移動に不便を強いられているお年寄りたち、もっと身近なところで言えば、春先に大流行する花粉症に悩まされる方々などなど、世の中にはあらゆるジャンル、あらゆる地域で、様々な問題を抱えて困っている人たちが、数多くいます。

マスコミは、こうした社会的な弱者を助ける福祉やボランティア活動に高い関心を示します。ほとんどの記者は、「弱い人を助けたい」という思いを心の底に持っています。なので、弱い人の助けになる記事を書きたいのです。逆に、もろに営利（つまり儲けるため）の事業には冷ややかです。ほとんど取材しません。

あなたは、「自分の仕事は、福祉にもボランティアにも関係ないよ……」と思うかもしれません。でも、ちょっと待ってください。本当にそうでしょうか?あなたのお仕事や、これまでの経験の中で、人の役に立てることの１つや２つ、あるはずです。

例えば、住宅を建てる会社があるとします。家を建てて売るお仕事です。これ自体は営利活動ですので、これをそのままマスコミが取り上げることは難しいです。

ですが、住宅にまつわる困った問題を抱えている人が、世の中には大勢います。例えば、「欠陥住宅」です。家を買うことは、ほとんどの人にとって一世一代の大きな買い物です。そうしてせっかく建てた家が、いい加減な工事で建てられ、住み始めてから様々なトラブルが発生するケースがよくあり、ちょっとした社会問題になっていました。

そこで、長野県のある住宅会社の社長さんは、欠陥住宅で困っている人のために、「欠陥住宅勉強会」を開きました。「こんな被害にあう人がこれ以上増えないでほしい」という願いを込めたのです。

そのイベントでは、実際に被害にあわれた方の家を会場にして、無料の勉強会を開くことにしました。そしてその開催に先立ち、マスコミ各社にプレスリリースを送ったのです。すると、その結果、会場には新聞社４社と、住宅専門誌１社も取材に来ました。新聞社３社が記事にし、専門誌は一面に見開きで大きく取り上げました。この社長さんの会社の電話番号も掲載され、消費者からの資料請求の問い合わせが殺到することになったそうです。

あなたのお仕事をそのままストレートに伝えても、取材を受けるのは難しいとしても、このようにあなたのビジネスに派生するところで、困った人の役に立つことをやってみるのです。まさに、ＣＳＲ（企業の社会的責任）活動と言えるでしょう。

あなたが、造花を作っているなら、それを作って老人ホームに届けてもいいですね。独立開業した経験があるのなら、就職難で悩む若者向けに、無料セミナーで経験を語ってもいい。シャッター通りとなった地元の商店街を活性化するためのイベントを、何か企画してもいいですね。

こうした活動は、あなたの本業に直接的な利益をもたらす活動ではないでしょう。しかし、そのような損得抜きに人の役に立つ活動をしている人にこそ、マスコミは安心して取材に来ます。

逆に、「自分の売名にマスコミを利用しよう」と考えている人には、記者は非常に警戒します。そして、すぐ見抜かれます。

遠回りのように感じるかもしれませんが、「損得抜きに社会に役立つこと」をやってみる価値はあります。

②新しいもの

ニュースは読んで字のごとく、「新しいこと（もの）」です。その根本に立ち返るのです。今まで世の中に全然なかった新しい何かをぶち上げる、という行動を起こせば、それはニュースになります。

世界初、とか、全米初、日本で初めて、などと言われれば、あなたも「なんだろう?!」

と興味をそそられるはずです。こういうキャッチがタイトルにあると、記者の目を引きます。

しかし、この「〇〇初！」という打ち出し方には、注意が必要です。ものの本などで、「〝〇〇初〟と書けば取材してもらえるらしい」と、プレスリリースのテクニックを聞きかじった人が、これを多用している傾向があります。こういうプレスリリースが本当に多いのです。なので、記者もすでに見飽きています。このキャッチを見ると「またこの手か……」と、白けた気分になってしまうのです。

白けるどころか、「〇〇初、と書けば記事にしてもらえると思っているのか、バカにするな！」と怒り出す記者もいるほどです。

本当に客観的に検証できる「世界初」「日本初」であれば問題ないのですが、ほとんどのケースは、客観性のないまま、自分で勝手に「初めて！」だと言い張っているレベルなのです。

マスコミ記者は、記事にする際は客観的に裏付けを取るよう訓練されています。たとえ取材相手が「これは日本で初ですよ」と言っても、客観的な第三者の専門家や行政機関などに問い合わせて、確認を取るのが普通です。確認を取らないまま、取材相手の言うままに記事を書く記者は、かなり程度が低いと言わざるをえません。

できれば、**記者が裏付けを取りやすいよう、あなたが「初めて」と主張する客観的な証明を用意しておくといいでしょう。**

また、「業界初！」という表現もよく見ます。これも、マスコミ＝新聞・テレビにとっては、取材したくなる表現ではありません。新聞やテレビは、幅広い社会全体を扱っているので、ひとつの業界という狭い範囲のニュースについては、扱いにくいのです。

逆に、**コアな情報を扱う業界紙・業界誌に売り込めば、業界初のニュースは取材してもらえる可能性は高くなります。**

「初めて！」という切り口で、一般のテレビ新聞に取材してもらうのに良い方法があります。それは、**地域を絞る**、という考え方です。

つまり、あなたの地元（山形県初、九州初など）で初めて、であれば、地元のメディアのニュースになる可能性があります。

たとえば、「ロシア料理店」は、東京だといくつもあるはずです。なので、東京に新しいロシア料理店ができても、ニュースとは言えません。

しかし、例えば佐賀県佐賀市には、恐らくロシア料理店はありません（あったらごめんなさい！）。そういう地域にロシア料理店がオープンしたら、地元のローカルメディアがニュースで取り上げてくれる可能性があります。

ニュース価値の判断は、相対的な基準によるものです。そして、マスコミは日本全国の各地域ごとに密着しています。ですので、場合によっては地域を絞り込んで、地元のマスコミにとってニュース価値が出てくるような打ち出し方をやっていくことは、有効な方法です。

地域で絞り込むのが難しいなら、**業態や商品そのものを絞り込む**ことを考えましょう。東京のメディアに、ロシア料理店オープンのお知らせをしても、ニュースになりそうにない。それなら、例えば極端ですが、「プーチン大統領の専属料理人のロシア料理店」なら、初めてでしょう。東京に限らず世界中どの都市でもニュースになるかもしれません。

そこまでいかずとも、「猫のロシアンブルーがいるロシア料理店」など、とにかく「すでに東京にあるロシア料理店にはない打ち出し方ができないか？」、絞り込みながら希少性を出すことを考えてみてください。

③今のトレンドに乗ったもの

例えば、今は「**来日する外国人観光客の増加**」が、社会的に大きなトレンドです。どの新聞やテレビでも、来日している外国人観光客に関する報道が、毎日のように紙面や番組をにぎわせています。

このような大きなトレンドに関する動きは、マスコミが好んで取り上げます。ですので、あなたの会社で、観光客向けに日本的なサービスや商品、イベントなどで目新しいものを提供できないか?考えてみるのもひとつの手です。

もちろん、外国人観光客のほかにも、世の中には様々なトレンドがあります。

少し前には、アイドルのＡＫＢ48にならい、「ナントカ総選挙」企画をする食品会社が相次ぎました。これは、まさにトレンドに便乗していたわけです。

２０２０年までは、**東京オリンピック**は大きなトレンドですね。あるいは２０１５年のワールドカップで日本代表が脚光を浴びたラグビーもありますし、マイナンバーの導入も多くの国民の関心事です。そうしたトレンドと、あなたの仕事を結び付けられないか？考えてみてください。

④季節もの

これも大きなくくりで言えばトレンドなのですが、季節ものの良いところは、ずっと前から将来に起きることがわかっている点です。いきなりお盆や正月など、季節の行事が消滅することはありません。なので、**その季節のトレンドをずっと前から見越して、イベントなどを企画することができます。**

新聞やテレビのニュースは、毎日３６５日、流れています。その中で、季節の風物詩を取り上げるのは、大事な仕事のひとつでもあるのです。

僕自身も新聞記者時代、様々な季節ものの取材をしました。暦で「二十四節気」があります。あなたも新聞やテレビで二十四節気のいずれかを紹介する記事などをご覧になったことがあるはずです。例えば、啓蟄（けいちつ）、立春、立冬などは有名です。そして、夏至や冬至、春分、秋分も二十四節気です。

新聞やテレビでは、「今日は立春。気温が上昇し、町では春の装いで歩く人の姿が見られました」といった形で紹介されます。その季節感を感じさせるような具体的なイベントがあれば、それを組み合わせてニュースとします。節分の豆まきはそのわかりやすいものです。毎年必ず、各メディアが取り上げますね。実際、あなたもそうしたニュースに接して、初めて「ああ、もうそういう時期なんだな」と季節の移ろいを感じたりしませんか？

季節ものは、もちろん二十四節気に限りません。バレンタインデーや入学式、卒業式、ゴールデンウイーク、夏休み、などなど数多くあります。近年は10月のハロウィンが定着してきました。ハロウィンは逆に、都会ではイベントが特に増えてきたので、単純にハロウィンイベントだけでは取材に来ていただくのは難しいかもしれませんね。それでも、ハロウィンはマスコミにとっても注目の季節ものになったので、ここに絡めたイベントの企画や情報発信は、何もしないよりはずっと注目を集めやすくなる傾向が続きそうです。

⑤理屈抜きに面白いもの、笑えるもの

社会正義だの何だの言ってる記者も、人の子です。理屈抜きに面白い内容には食いついてきます。ふだんは真面目な記者たちも、人並みかそれ以上、笑えるものやユニークなものが大好きです。

例えば、環境関連の仕事をしている会社の社長が、カエルの着ぐるみを着て、「川をきれいにしよう！」と訴えて、小学校などに出前授業をしている記事を見たことがあります。着ぐるみを着たいい年をした大人と、子どもたちが和気あいあいと触れ合う姿は面白いですし、微笑ましいものです。さらには「川をきれいにしよう」という訴えには社会性・公共性があり、その観点からもマスコミが記事にする価値があります。社会性＋面白さ、の合わせ技一本、とも言える見事な取り組みでした。

もちろん、直接的な会社の宣伝ではないにもかかわらず、マスコミに取り上げられ続けていることで、間違いなくこの社長の会社は、有形無形に様々なメリットを享受しているはずです。この社長に限らず、**着ぐるみを着て人を面白がらせ、マスコミに出まくっている社長**の事例はあるようです。

最近は、殺伐としたニュースが目立つ中で、このようについ微笑んでしまうニュースがひとつでもあると、読者さん視聴者さんはホッとします。心が和みます。記者も同じです。一見、ばかを演じるピエロのようですが、僕はこういう方はとても勇気のある方だと思います。確かに、表面的には格好いいとは言えないかもしれません。しかし、自分が笑われてでも相手を喜ばせたい、という覚悟の表れであるケースが多く、こういう方は実際に周りの人々を幸せにしているのです。素晴らしいサービス精神だと敬服します。

僕自身、思わず笑いがこぼれて記事にしたケースはいくつもあります。例えば、大分県中津市でのこと。同市は近年、Ｂ級グルメのから揚げの街として有名になりました。僕は２０００年頃にこの街に勤務していました。赴任して間もなく、仲良くなった地元の人と話していると、「坂もっちゃん、中津はあのケンタッキーフライドチキンが全国で唯一、撤退した街なんや」と自慢げに語り始めました。訳を聞くと、地元には安くて美味しいから揚げのお店が市内各地にいくつもあって、「みんなケンタッキーやらわざわざ買わん。やけん撤退した」と胸を張るのです。

当時、中津から揚げは全く無名でした。当時で市内に10数店はありましたが、どの店も個人営業で1、2坪ほどの店舗面積しかないような小さなお店が大半。お店同士の横の連携もほぼなく、当時は業界団体もありませんでした。**こんな一地方都市の零細の事業が、世界的な巨大資本を撃退するというのはファンタジー的な面白さがあり、思わず笑ってしまったのです。**

そこで、僕は中津市のから揚げ事情を探って各所を取材し、記事は九州地区の夕刊一面に載りました。その後、中津から揚げを相次いでテレビや新聞、雑誌が取り上げるようになり、県外からも多くの人がから揚げのためだけに中津にやって来るようになりました。零細から揚げ店たちが大手チェーンに打ち勝った、それが真実かはともかく、閉店は事実です。そこに面白おかしいストーリーを地元の人が付与したことが、中津から揚げが大躍進する原動力になったのは、間違いないと思っています。

⑥人物の物語、人情もの

記者、中でも特に社会部系の記者は、人間味あふれる話が好きです。また、人情ものの泣かせる話を好みます。弱き者をひいきする、判官びいきの気質とも相通じています。

例えば、かつて僕が九州のある地方都市に勤務していた時、ネタ探しにある商店街をぶらぶら歩いていました。地方の中心市街地にある**商店街**は、日本全体どこも同じように、閉店するお店が増えています。郊外の国道沿いに大型ショッピングセンターが乱立し、地方ほど車社会であることもあり、市の中心部までわざわざ足を運ぶお客さんが減っているのです。また、零細の商店の後継者がいないという側面もあります。

僕がいた都市の商店街も例に漏れず、シャッターが降りた店舗だらけの、寂しい通りになっていました。

すると、薄暗い通りの一角で、ひときわ目立つ黄色いポスターが目に飛び込んできました。おばちゃんが微笑む大きな顔のイラストと「おいしいよ！」という文字。そこは営業店舗としては残り少ないお茶商店の前で、そのお茶屋のおばちゃんが、１つ１００円のお好み焼きを店の前で焼いて販売していたのです。そこに、地元の小学生たちが１００円玉を握りしめてやって来るわけです。まさに孤軍奮闘で商店街を盛り上げようとしていたのでした。

通常なら、マスコミの記者が商売をそのまま記事にすることはありません。前述したように、マスコミは特定の個人・団体の利益のために存在するものではないからです。しかし、このおばちゃんの孤軍奮闘ぶりには、心打たれるものがありました。しかも1個100円という、ほとんど儲けもなさそうな値段設定も、僕の取材意欲を後押ししました。その場で取材を開始し、おばちゃんが笑顔でお好み焼きを焼く姿をカメラに収めました。そして**「商店街と子どもたちのために頑張るおばちゃんを応援したい」**と想いを込めて書いた記事は、写真付きで地域版のトップ記事となったのです。

ここまで、この章を読まれていかがでしょうか。少しはマスコミのニュース感覚をご理解いただけたでしょうか。

多くの人は、今のままの自分をそのまま取材してもらおう、と考えて売り込んでいます。しかし、それでは取材してもらえる可能性はかなり低いです。たまたま、ここで述べてきたような切り口の要素があれば、取材を受けることもあるかもしれません。ですが、一回取り上げてもらっただけの打ち上げ花火で終わり、その後は記者との関係がプッツリ途切れる方がとても多いです。これでは、もったいないのです。

ぜひ、マスコミのニュース感覚を脳内にインプットしてください。**マスコミ記者の思考回路で切り口を考えた上で、お手紙プレスリリースを書くことができれば、成功確率は大**

幅に高まります。

これは、言ってみれば〝後だしじゃんけん〟です。あなたはこの本で、マスコミ記者がどんなネタを欲しいのか？知ることができました。さらには、日々の新聞やテレビのニュースでも、それがわかります。相手の手はいつでも見えています。その手に応じて、自分の手を選べます。

つまり、**記者が食いつくはずのネタを仕込んでマスコミ記者にアプローチをする**のです。相手が欲しいものから逆算して、自分のやるべきことを実行することこそ、戦略思考です。やみくもにマスコミへ送りつけるプレスリリースは、単なる迷惑チラシです。しかし、マスコミが欲しい情報の載ったプレスリリースは、マスコミにとっても、世の中にとっても、そしてもちろんあなたにとっても、「宝の山」になり得るのです。ぜひ、そこを目指していただけるとうれしいです。

【お手紙プレスリリース実例3】

着物がタンスで眠り、捨てられていく現状を何とかしたい！古い着物を洋服にリメイクし、日本の伝統文化を後世につなぎます

初めてお手紙差し上げます。私は、西由記子と申します。日本の伝統文化である着物のリフォームをしている者です。私は長年、朝日新聞を愛読しています。○月○日付の朝刊の「……」の記事を拝読し、感銘を受けました。日本の歴史伝統を大切にする視点をお持ちの田中記者（仮名）に、ぜひ着物の現状について知っていただきたいという想いから、お手紙いたしました。

昨今、世間では使い捨てのファストファッションが全盛です。一方で、昔から日本人が親しんできた着物は着る人が少なくなりました。そのため多くの家庭で着物はタンスの中で眠り、次々と捨てられている現状があります。

特に最近は、着物を愛好する年配の方が、昔のように元気に外を出歩けなくなったり、

あるいは亡くなったりすることから、そうした着物が増えているようで、本当に残念でなりません。

着物は、多くがシルクで素材として優れていますし、柄のデザインも職人が手作業で刺繍するなど優美なものばかりです。しかし、若い人には「着るのが面倒」というイメージが強く、最近はほとんど着られていません。

先日は、廃業するという九州の貸衣装屋さんから「捨てるのも忍びないので、着物を使ってくれませんか」とご連絡をいただきました。それを見て鳥肌が立ちました。総刺繍の素晴らしい着物でした。昔の職人が丹精込めて作ったこのような着物が、どこも引き取り手がなく、廃棄されているのです。

私は、現代生活にマッチした新しい着物利用はできないか？と考え、10年ほど前から着物を洋服にリフォームする活動を続け、これまで１０００着ほど手がけました。

着物で作った洋服には、たくさんのメリットがあります。

・軽く肩が凝らない

・一点物で、人とかぶることが絶対ない。特に同窓会などでその時の流行色などが多いが絶対にかぶらない

・シルクなら体温調節ができ夏涼しく、冬暖かい。シルクのしなやかさや呼吸する繊維でストレスが軽減

・合成繊維も洗濯機でジャブジャブ洗えるので気楽に楽しめる

・披露宴、パーティーで着物ドレスを着ると他の着物を着た方と見劣りしないばかりかかえって目立ち話題になる。外国でのパーティーでは特にお勧め

・上質な素材で流行を取り入れつつも比較的オーソドックスなデザインを作ると、長く着ることができ結果、経済的

・オーダーだと、身体にフィットしたお気に入りのデザインを長く着ることができる（私はお気に入りだと10年ぐらいは着ちゃいます）

・日本の伝統技術、織りや染、絞りなどを気楽に楽しめる

まだまだ、あるようです。道行く人にまで〝素敵ね〟と声を掛けられることもありま

す。

着物は、親の形見などで残されたものが多くなっています。着物には様々な人生のストーリーが詰まっています。「子どもの頃、母が着ていたな…」などと思い出されるものです。その想いをもう一度、形を変えて、普段の日常でも着られるような洋服に生まれ変わらせ、昔の気持ちを思い出してもらえたら、と願っています。使い捨てのファストファッションに走ることなく、良い物を大切に着るスローファッションの生活をして欲しい。そんな想いを伝えていきたいと願っています。

このような着物の素晴らしさについて、報道のお力で多くの方々に知らせていただけないでしょうか。多くの家庭でひっそりと眠る着物を、どうか救い出してください。何卒お力添えをいただければ幸いです。

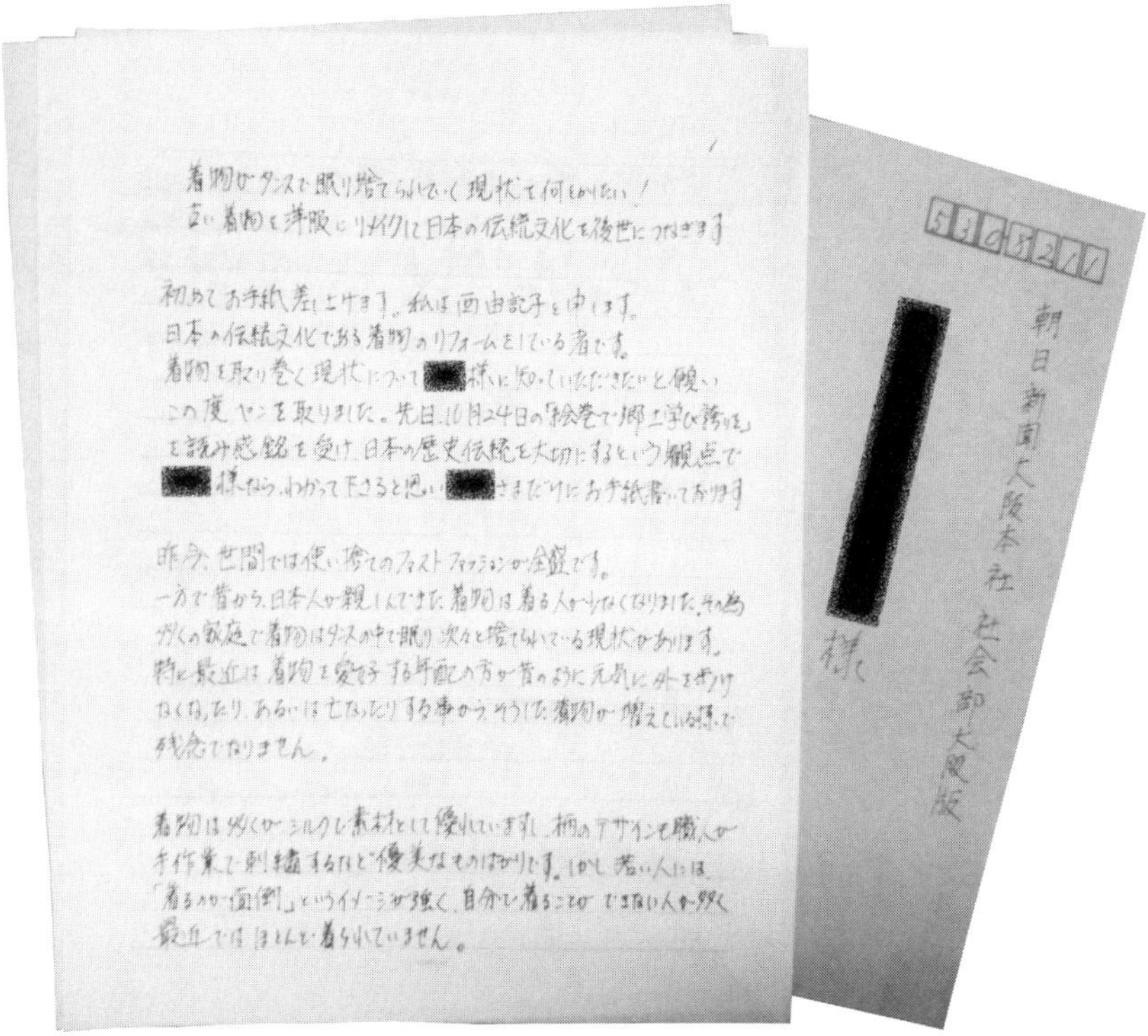

着物がタンスで眠り捨てられていく現状を何とかしたい！
古い着物を洋服にリメイクし日本の伝統文化を後世につなぎます

初めてお手紙差し上げます。私は西由記子と申します。
日本の伝統文化である着物のリフォームをしている者です。
着物を取り巻く現状について[redacted]様に知っていただきたいと願い
この度ペンを取りました。先日10月24日の「絵巻で郷土学び誇りを」
を読み感銘を受け、日本の歴史伝統を大切にするという観点で
[redacted]様ならわかって下さると思い[redacted]さまだけにお手紙書いております

昨今、世間では使い捨てのファストファッションが全盛です。
一方で昔から日本人が親しんできた着物は着る人が少なくなりました。その為
多くの家庭で着物はタンスの中で眠り次々と捨てられている現状があります。
特に最近は着物を愛する年配の方が昔のように元気に外を歩けなくなったり、あるいは亡くなったりする事からそうした着物が増えている様で
残念でなりません。

着物は多くがシルクと素材として優れていますし、柄のデザインも職人が
手作業で刺繍するなど優美なものばかりです。しかし若い人には
「着るのが面倒」というイメージが強く、自分で着ることができない人が多く
最近ではほとんど着られていません。

朝日新聞大阪本社
社会部大阪
[redacted]
様

解説

この手紙は、朝日新聞のある記者に、ピンポイントでお送りした手紙です。その結果、取材に来ていただけました。1通だけ送って成功ですので、成功率100％ということになります。

一般的なプレスリリースは、「数打てば当たる」とばかりに、同じ内容の文書を不特定多数のマスコミに送り届けます。よって、どの記者にも見向きもされない、という結果に終わることが多くなってしまいます。

ですが、記者個人あてに名指しでお送りした文書は、必ずその記者に読んでもらうことができます。

記者の立場からすれば、自分あてに届く読者の方の手紙ほどうれしいものはありません。なので、自分あての手紙は必ず真っ先に開封して読みます。記事の感想をわざわざ手紙にして送ってくださる読者さんは、意外とそう多くはないのです。お手紙で、自分の記事を評価してくださったり、温かい励ましの言葉をいただいたりしたら、その手紙の送り主の方に対して、強い好意を抱くようになるのは当然です。

ですので、**あなたが取材してもらいたいと考えているテーマと、近いテーマの記事を書いている記者を見つけ、その方あてにダイレクトに手紙を送ってみてください。**

ポイントは、その記者の記事を示して、具体的に褒める、ということです。記者に名指しで届けられるプレスリリースはよくあります。が、「その記者の、どの記事を読んだ」ということをきちんと伝えていないと、記者は「どこで自分の名前を知ったのだろう？」「なんで自分あてに送ってきたの？」と、気味が悪くなってしまいます。

それから、記事を褒めたはいいものの、それに続く情報提供の内容にそれほど関連性がなかったり、あまりにも売り込みが強すぎたりすると、嫌な気持ちになってしまいます。「結局は売り込みか…」とがっかりさせられるのです。

逆に、褒められた記事と、情報提供の内容がうまくリンクしたものであれば、記者はうれしい気持ちのまま、提供された情報に気持ちが向かっていきます。そして「なるほど、そうか」と納得し、「この話を取材してみよう」と決断する可能性が大幅に高まります。

さて、肝心の内容です。西さんは着物を洋服にリフォームする活動をしています。日本の伝統文化である着物が、多くの家庭でタンスに眠ったまま着られずに捨てられている、という現状にあるというのです。
マスコミ記者は、日本の様々な伝統文化が少しずつ失われていく現状を憂いています。ですので、伝統文化を後世に残すような取り組みはマスコミ記者から評価され、取材される可能性は高くなります。
しかも、着物をリフォームして洋服にする、というコンセプトは目からウロコが落ちるような面白さを感じます。多くの着物がタンスで眠っている、という社会性と、着物リフォーム洋服に、という新奇性の組み合わせで、ニュース価値は高いと感じました。

ニュース価値は、麻雀の役のようなものです。ひとつの面から見て、ずば抜けたニュース価値ではなくても、別の面でニュース価値があれば、合わせてポイントがアップするわけです。

さて、この手紙でも書き方として、自分の話よりも「社会の現状」を先に伝えています。多くのプレスリリースは、自分の売り込みばかりが先立ちます。例えば「着物リフォーム活動を頑張っている私を見て！」というような書き方になりがちなのです。しかし、西さんは違います。きちんと着物にまつわる社会状況を伝えて、その現状を変えたい、という問題意識を伝えています。それからやっと、着物リフォームの話に入るのです。マスコミが記事にするのは、「社会との関わり」があってこそです。なので一見、遠回りのように感じるかもしれませんが、自分のことよりも、社会の現状を伝えてください。あなたの仕事だからこそ見える社会の抱える課題・現状が、きっとあるはずです。そういうことを記者たちは知りたいのです。

今回のお手紙では、着物が廃れている現状を伝えるため、**具体的エピソード**も盛り込みました。九州の貸衣装屋さんが、高価な着物を「捨てるのも忍びない。使ってくれませんか?」と西さんに連絡してきました。大阪から遠く離れた九州から、わざわざ連絡してくるということは、それほどどこにも着物を活用できる場がなくなっている、という深刻な現状がうかがえます。さらには、それだけ**西さんの活動に対する信頼性がある、ということを裏返しに感じ取れます。**

このように、ただ言葉で「着物が使われていない」と書くだけでなく、具体的なエピソードを盛り込むことで、臨場感が高まり、記者に対するアピール度を大幅に高めることができます。要は、口から出任せで言っているのではなく、本当の話なのですよ、ということを念押しする効果があるといえます。

このエピソードによる証明は、実はかなり大事です。なぜなら、口から出任せの誇大広告のようなプレスリリースが本当に多いからです。記者はプレスリリースには常に疑いの目をもって接しているということを、心にとめておいてください。

第5章

自らの強みを知り、取材されやすいメディアを見つける

メディアは常にネタに飢えているという真実

マスメディアと一言で言っても、その中身は無数のメディアが存在します。テレビと新聞ではもちろん違いますし、雑誌になるとそれこそジャンルや想定読者層が細分化されています。それぞれのメディアが提供している情報が異なるのは、誰でもわかるでしょう。ということは当然、**求めている情報というのは、それぞれのメディアごとに全く異なる**わけです。個別のメディアごとに、そこが求めている情報をお届けできれば、あなたは感謝されてメディアで紹介されます。本当です。

メディアの人は、いつもネタを探しています。どのメディアも定期的に刊行、放送されているものなので、締め切りがあります。メディアの人たちは、その**締め切りに追われて四苦八苦しているのが日常**です。僕自身も新聞記者時代に、締め切りに追われてビクビクしていました。どのメディア関係者も、ネタ探しにとても苦労しています。ですから、質の良いネタを送ってもらえることは、大歓迎なのです。あなたは、そうしたメディアの人たちを助けることができます。ぜひ、あなたの仕事とマッチするメディアに、適切な情報を提供してください。

あなたとメディアのマッチングを行う手順について、これから説明していきます。

ステップ1 自社の強みを洗い出す６つの観点

よく「うちには何も強みがないよ」という声を聞くことがあります。しかし、どんな人や会社にも、何らかの特徴があります。世の中には全く同じ人は二人といません。よそとは違った何か、がきっとあるはずなので、それをじっくり探ってみてください。自分のことは、あらゆることが当たり前になっているので、なかなか自らの強みには気付けていないものなのです。６つの観点を示します。

①規模

売上など表面の数字だけを見て、「うちはマスコミから取材される価値がない」などと、即断しないことです。たしかに会社の場合、もちろん売上高や従業員数などの数字が大きい企業には、ニュース性はあります。それだけ、社会への影響力が大きいからです。こうした数字はわかりやすい指標なので、多くの方が自社の規模と大きなところを比べて「うちは大したことはない」と考えます。

しかし、この数字の大きさがすべてのメディアにとっての判断基準なのか？というと、そんなことはありません。逆に、**規模が小さいことがニュースになり得る可能性だってあります。**それこそ、「宇宙ロケットの主要部品を、零細の町工場が作った」となると、世の中をびっくりさせることになります。このように、逆に規模の小ささがニュース性を高める要素にだってなり得るのです。

どこと比べるか？によっても、会社規模の評価は変わってきます。例えば、東京なら、売上高50億円くらいの会社はごまんとあるでしょう。しかし、これが地方に行くとどうでしょうか。地域を絞り込むほど、その地域では「トップ企業」かもしれません。であれば、その地域のメディアが取り上げる可能性があります。

あるいは、業種で絞ります。全産業でみれば、売上規模は他にもっと多い会社がたくさんあるけれども、あなたの業界でみれば、すごい売上だったりするかもしれません。すると、業界メディアが取り上げる可能性があります。細かな産業、業種ごとに新聞や雑誌がいくつもあるのです。

②社長・トップ

トップは組織の顔です。トップの方のパーソナリティが際立っていれば、それがマスコミに対するアピールポイントになることだってあり得ます。わかりやすい例で言えば、通販大手の「ジャパネットたかた」の高田明・元社長。あの独特の話しぶりは、多くの人にインパクトを与えました。

「人」は、世の中に発信する素材として、とてもわかりやすいのです。あなたの仕事や商品・サービスについては、専門的な技術やルールなどがあって、万人には理解できません（だからこそ、あなたはプロなのです）。ですが、人そのものは万人に理解できる商品たり得ます。その最たるものが、芸能人だと言えるかもしれませんね。

「自分は表に出るのは嫌だ。会社のことを取材してほしい」という社長さんは少なくありません。が、その考え方はとてももったいないのです。**トップが組織の代表として意図的にどんどんマスコミ露出することで、大きく成長していった企業は数え切れません。**会社が成長したから取材を受けた、というより、取材を受けたから会社が成長した、というわけです。

あなたも「日本の社長」と言えば、いくつか思い浮かぶ顔がありませんか？　そうした方々は、会社のＰＲのために、積極的に自らマスコミ露出していった方がほとんどです。

パーソナリティを際立たせる方法として、**トップの今日までに至る遍歴を「ストーリー」にして発信することは有効です。**マスコミはストーリーが大好きです。ワタミ創業者の渡邉美樹さん（現国会議員）は、高杉良さんの小説『青年社長』の主人公として、起業時のストーリーが克明に描かれました。このストーリーが会社のファンを増やす大きな原動力になったのは間違いないでしょう。

ソフトバンクの孫正義さんの起業ストーリーも、若くしてアメリカに渡るなどドラマチックで広く知られています。渡邉美樹さんや孫正義さんのような大きな企業のトップでなくても、ユニークで面白いストーリーを持つ方は大勢います。全く同じ人生を歩む人間はこの世に二人といません。なので、一人の人物のストーリーは完全にオリジナルであり、その意味で特異性を持ちやすいのです。

③歴史・経歴

今時点だけを見ると、地味で目立たない存在だとしても、すごい歴史のある企業があります。世界中の１００年以上の歴史を持つ企業のうち、およそ８割が日本企業、だという指摘もあります。一見ふつうの和菓子屋さんが、創業１１０年を迎えました、などというケースも少なくありません。これはよほど、その地域で信頼されるご商売を続けてこられた証左ですね。

新聞記者やテレビ記者は、媒体で取り上げるかどうかを判断する際、その取材対象が信頼できるかどうか?を大きな判断基準にしています。得体の知れない人物や会社をテレビや新聞で紹介して、それを見た読者さんや視聴者さんに被害が出たら、取り返しがつきません。だから、初めて取り上げる時は、怖いのです。その点、１００年とまでいかないにしても、**しっかりした歴史があると、それはマスコミ記者を安心させ、取材を決断させる有効な材料になります。**

また、個人においても過去の経歴がものをいう点は、企業と同様です。例えばあなたが今は個人でＩＴコンサルタントをしているとします。ＩＴについては比較的新しい概念ですし、すべてのマスコミ記者にとってなじみ深いものではありません。それに個人でやっている、というと、どうしても名のある組織に比べて信頼性は劣ってしまいます。

ですが、あなたの過去の経歴の中で、誰でも知っているような組織への所属歴があると、信頼性は高まります。「経済産業省に22年いました」「楽天に10年いました」と言えると、印象が全然違いますよね。

また、キャリアは一貫性が必須というわけでもありません。**今やっていることと直接関係ある経歴ではなくても、過去とのギャップがあると、これもまたマスコミの取材価値が生じるケースがあります。**例えば、今は一見ふつうの農家さんだけれども、実は前職は財務省のキャリア官僚だったら「へーっ」って思いませんか。あるいは、一見ふつうのカフェですが、実はオーナーが元プロ野球選手、というケースが実際にあります。

このような「すごい」経歴を持つ方が、あまり自分の経歴の面白さを自覚していなかったりすることが、よくあります。自分のことは当たり前になっているので、なかなか気づきにくいのですね。

個人もバックグラウンドと今やっていることを絡めた伝え方をすると、取材される価値が出てくることがあるのです。

④商品・サービスの特徴

毎日のように、商品やサービスが世の中に誕生しています。そのことを知らせるプレスリリースが、毎日大量に新聞社やテレビ局に届いています。ですが、アップルのiPhoneや、トヨタの新型車など、よほど注目度の高いものでない限り、単なる商品やサービスの発表で取材につながるケースはそう多くはありません。「新しい商品やサービスの発表」は、みんながやっていることなので珍しくない。つまり「ニュース」にならない、ということです。

しかし、①規模で触れたように、産業、業種ごとに新聞や雑誌がいくつもあります。業界紙、業界誌です。ジャンルをぐっと絞り込むと、その業界内においては「ニュース」となることはあるでしょう。

あるいは、一見ありふれた商品でも、テレビ新聞というメジャーなマスコミから取材される道があります。それは、商品・サービスの仕様をストレートに伝えるのではなく、その商品・サービスを生み出すに至った**「開発ストーリー」を伝える**方法です。

商品・サービス概要ではなく、その開発に関わった人のストーリーを伝えるのです。例えば、オムレツ製造の新商品だったとします。そのオムレツ製造機のサイズや重さ、消費電力、希望小売価格などのスペックだけ聞かされても、あまり面白くありません。

しかし、その開発には、どんな人が携わったのか?開発にあたって、どのような苦労があったのか?どんな想いを抱きながら開発を進めたのか?どこに最もこだわったのか?などのほか、実は開発過程で、家族がこんなふうに夫をサポートした、などのドラマを伝えると、人を引きつけるのです。

また、違った形で人物ストーリーを絡めることもできます。

それは、**その商品・サービスを使って幸せになる人のストーリー**です。消費者側の事例ですね。オムレツ製造機の事例で言えば、どのような家庭で、どのような人が使うのか？というストーリーです。例えば、現在の社会トレンドである「女性の社会進出」に絡めて、41歳の女性管理職で、小学４年生の女の子を持つお母さんが、忙しい朝の時間に栄養と愛情たっぷりのオムレツを娘に食べさせてあげられる、というストーリーかもしれません。あるいは、過疎が進む集落に住む高齢のお年寄りが、庭で放し飼いにしているニワトリの卵を簡単にオムレツにできる、というものかもしれません。

いずれにせよ、**どんな人が、どんな場面で、その商品・サービスを使うことで、どのように幸せになるのか？どんなお困りごとから解放されるのか？　社会的な視点で具体的なストーリーを語れないか？考えてみてください。**大切なのは、具体性です。

マスコミ記者は、商品やサービスそのものにはほとんど関心がない、と言っても過言ではありません。それよりも、「その商品・サービスが、社会にどのような影響を与えるのか？」の方に関心があります。その効果を一言で「誰が？どうなる？」とシンプルに具体的な言葉にしてみてください。

⑤理念

理念とは、目に見えない「想い」です。あなたの会社、あるいはあなた自身が仕事に対して、どんな哲学を持って取り組んでいるのか?を表すものです。例えば、有名なところでいうと、東京ディズニーリゾートを運営するオリエンタルランドの場合は「絶えることのない人間賛歌が聞こえる広場づくりを目指す」、ホテルのザ・リッツ・カールトンの場合は「紳士淑女をおもてなしする紳士淑女であれ」というものです。

前記のような有名な会社でなくても、優れた理念を持つ会社や個人には、マスコミが取材を申し込んでくる可能性があります。例を挙げます。お菓子メーカーが2社あるとします。どちらも表面的にはお菓子を作っている点で全く同じです。しかし1社は、「少しでも多くの利益を上げるためにお菓子を作っている」。もう1社は、「お菓子を通じて家族の絆を結び、人と人との心を結ぶためにお菓子を作っている」。やっていることは同じでも、根本的な「想い」が違うわけです。

マスコミ記者は、このような目に見えない「想い」を好みます。**「家族の絆を結び、人と人との心を結ぼう」といった、社会的な視点でビジネスをしている企業であれば、マス**

コミ記者は取材したい、と考えます。報じることによって、こうした企業が人々に知られれば、世の中のためになるからです。

また、ある会社の経営理念で、「とにかく雇用する」というものを聞いたことがあります。これには新鮮な驚きを感じました。非正規雇用の増加は、昨今のトレンドです。多くの企業は固定費を減らすために、正規雇用を減らし、非正規を増やす方向にシフトしています。そのような中で、**社員の幸せのために、社員の雇用を第一に経営している企業とはどのようなところか？**　マスコミ記者なら興味をそそられます。

このように、表面的にやっているビジネスや活動が一見、ありふれたことであったり、地味であったりしても、**どのような想いでビジネスや活動に取り組んでいるか？という部分に、ニュース性が潜んでいることがあります。**

もちろん、うわべだけの美辞麗句を語っても、マスコミ記者にはすぐ見抜かれます。本気で、社会的な視点で取り組んでいる、と説得力を持たせる必要はあります。その有効な方法が、これまで何度も紹介してきた「ストーリーで語る」手法です。

この本のテーマである「マスコミへのお手紙」を伝える内容として、この理念を盛り込むことは、とても高い親和性があります。目に見えない想いを形にするのに、手紙は向いているのです。

⑥ユニークな社内制度

面白法人カヤックという会社では、社員の給料の額はサイコロを振って決まる、という驚きの制度を取り入れています。自分が振ったサイコロの目に応じて、額が基本給に上乗せされるもので、その奇想天外な発想から、いくつものメディアがこれを紹介しています。

ここまで奇想天外ではないにしても、ユニークな社内制度で注目を集める会社は少なくありません。ＧＭＯインターネットグループでは、社員の生産性を高めるため、お昼寝を認める制度を導入しました。社内にお昼寝スペースを完備しており、昼食後のお昼寝を推奨しているそうです。

また、大阪の日本石材センター株式会社では、なんと社長を選挙で選ぶ社長公選制を実施したといいます。これらのように、普通の会社や組織の常識とはかけ離れた制度があれば、取材が来る可能性があります。

サービスや商品は、社外、つまり世の中に向けたもので、なかなか冒険はしにくいことが多いでしょう。しかし、自社内における制度なら、社長の判断次第で実施しやすいはずです。社内制度は、アイデア次第で取材を呼ぶことができる素材になります。

ステップ2　自らの強みとマッチするメディアを選ぶ手順

さて、ここまで自らの強み・ニュース性をいろいろな角度から探ってみました。それでは、どんなメディアを選ぶのか?考えていきましょう。

公益社団法人日本パブリックリレーション協会が発行している『**広報・マスコミハンドブック PR手帳**』というデータ集があります。この冊子には、国内の主要なメディアと、その連絡先が網羅的に掲載されています。

そこでは、次のように分類されています。

・新聞

- 全国紙
- 産業経済紙
- ブロック紙
- 地方紙
- 夕刊紙
- スポーツ紙
- こども新聞
- 外国語紙
- 外国語情報紙
- 通信社

・テレビ局／ラジオ局

- 全国
- 東京
- 大阪
- 名古屋
- 北海道地方
- 東北地方
- 関東地方
- 中部・北陸地方
- 近畿地方
- 中国地方
- 四国地方
- 九州・沖縄地方

ＢＳ放送
ＣＳ放送

・雑誌

総合月刊誌
週刊誌
その他総合誌
男性ティーンズ・ヤング誌
男性ヤングアダルト誌
男性ミドルエイジ・シニア誌
ビジネス・マネー誌
モノ・トレンド・商品情報誌
ゴルフ誌
自動車・オートバイ誌
パソコン・コンピューター情報誌
女性週刊誌
女性ティーンズ・ヤング誌
女性ヤングアダルト誌
女性ミドルエイジ・シニア誌
マタニティ・育児・子育て誌
生活実用情報誌
ビューティー・コスメ誌
ナチュラルライフ誌
ブライダル情報誌
少年向けコミック誌
男性向けコミック誌
少女向けコミック誌
女性向けコミック誌
シニア誌
機内・会員誌
エリア・タウン情報誌

テレビ情報誌
食・グルメ情報誌
求人・転職情報誌
旅行・レジャー誌
スポーツ誌
文芸・歴史誌
健康誌
エンターテイメント情報誌
ゲーム・アニメ情報誌
建築・住宅誌
広報・広告・宣伝・販促誌
ネットワーク・エレクトロニクス誌
業界・技術専門誌
趣味・専門誌
子ども誌

・業界別専門紙（誌）

商業・流通
金融・証券・保険
建設・建築
機械・機器・生産財
農業
林業
酪農・畜産・園芸
環境
水産
飲食品
繊維・皮革
化学
鉄鋼・金属・ゴム
エネルギー

電気・電波
エレクトロニクス・コンピューター
住宅・インテリア・家具
時計・貴金属・カメラ
紙・文具
交通・車両
運輸・輸送
医学・薬学
福祉・介護
観光・旅行
その他

・フリーペーパー・フリーマガジン

北海道地方
東北・北陸地方
関東地方
中部・東海地方
近畿地方
中国地方
四国地方
九州地方

いかがでしょうか？　メディアには数多くの種類があることがおわかりいただけるかと思います。

そしてさらには、雑誌や業界紙（誌）の細かいジャンル分けや、テレビやフリーペーパーの細かい地域分けにもお気づきいただけると思います。

このように、あなたの仕事にマッチしそうなメディアを

・業界や業種

・地域

の観点で、探してみてください。『広報・マスコミハンドブック　PR手帳』は、書店やネット書店のアマゾンなどでも購入できます。

NHKと全国紙の地方拠点が、あなたを待っている！

さて、ここからは重要な話をします。実は、広報・マスコミハンドブックのリストには載っていない、お勧めのアプローチ先が存在します。

それは、NHKと全国紙が日本中に張り巡らせる、次のような地方の取材拠点です。

・ＮＨＫの全国道府県にある放送局・報道室
・全国紙（朝日、読売、毎日、産経、日経）の全国各地の取材拠点（支局、総局、通信部など）

むしろ、この本で坂本が最もお勧めするお手紙プレスリリースの送り先が、これらＮＨＫと全国紙の地方の記者たちなのです。

なぜか？　その理由は

・比較的、取材されやすい
・しかも、全国に発信してもらえる可能性がある
・取材対象は幅広い。社会性さえあれば業種は問わない

などが挙げられます。

言うまでもなく、ＮＨＫと全国紙が扱うニュースは、「全国のニュース」です。

しかし、いずれも地方にきめ細かな取材体制を敷いています。各道府県に、1社あたり少なくとも数人〜数十人の記者が勤務しています。平均的には1社1県に7、8人ほどでしょう。そうした地方記者たちは、地元新聞の記者たちと張り合いながら、日々ローカルニュースを追いかけています。たとえ全国ニュースにはならなくても、**県ごとのニュース枠があるので、そこを埋めるために、毎日数多くの記事を書いている**のです。

ＮＨＫ記者と全国紙の記者は、採用されると、ほとんどの人は地方からキャリアをスタートします（日経新聞を除く）。地方で5年ほど経験を積み、実績が認められると、東京などの大都会にめでたく栄転となります。そして東京で一定の経験を積むと、多くの記者が再び地方のどこかに転勤し、ベテラン・中堅記者として若い記者の指導に当たるのです。

ＮＨＫと全国紙は大手メディアであり、東京や大阪ではかなりの大所帯です。その分、そうした大都会では記者と接触するにもガードが固く、さらには、たとえ接触できても地方よりはるかにニュースがひしめいているため、取材してもらうにはハードルが高いのです。

僕自身は、読売新聞の記者として採用されると、最初は九州の大分県に赴任。それから佐賀、福岡を経て東京本社に転勤しました。実際に勤務してみて、東京とその他の地方では、記事が載るハードルがあまりにも違うことを実感しました。

地方記者時代は平均的に1日当たり二、三本の記事を書いてほぼ毎日のように自分の記事が載っていました。一方で東京本社社会部で遊軍記者をしていた時は、１か月に載る原稿が二、三本という感じです。

それはそうです。地方ごとに切り分けられた地方面の記事は、２ページを10人ほどの記者で埋めています。これに対し、全国の新聞に載る社会面は、約１００人の社会部記者（東京本社）に加え、全国にいる地方記者からも原稿が送られてくるため、競争が激しいのです。

もちろん記事が載らないからといって、東京の記者が仕事をしていないわけではありません。むしろ紙面を埋めることに汲々とする必要がないため、多くの記者が腰をすえてじっくりと取材に取り組んでいます。

地方と東京の違い、おわかりいただけたでしょうか？　このような事情で、**全国紙、N**

ＨＫとも地方のニュース枠は、少ない記者で日々埋めているため、あなたのニュースが採用されやすいのです。

こうしたニュース枠の事情のみならず、地方では物理的に記者に接触しやすいというメリットがあります。

東京や大阪における主要マスコミの社屋では、どこもセキュリティが厳重です。報道部門の入るフロアに部外者が立ち入ることは、当然できません。それどころか、会社の代表番号に電話をかけても、記者たちに電話を取り次いでもらうことも簡単ではありません。

しかし、地方では違います。**全国紙の新聞社が地方に置く取材拠点である支局や総局に電話をかけると、高い確率で記者が直接、電話に出ます。**これらの電話番号は、電話帳などで公開されています。さらには、もちろん所在地も公開されており、その事務所にふらっと訪問することも、わりあい可能なのです。

僕自身も読売新聞の地方支局で勤務していた時は、多くの一般の方からの電話や訪問に応対していました。地方にいた頃の方が、一般の方との距離感が格段に近い感覚がありました。

ただ、ＮＨＫは地方の放送局でもそれなりの組織規模を誇り、記者が所属する報道部門はその一部です。ですので、全国紙の記者よりは接触をすることがやや難しいかもしれません。それでも東京などよりは、はるかにましです。

このように全国紙とＮＨＫの地方記者にアプローチすることは、多くのメリットがあります。もしあなたが地方でこうした記者たちと知り合いになり、良い関係を築いたとします。彼らは転勤族なので、いずれ数年以内にその土地を離れることになるでしょう。仮に東京に栄転すれば、あなたのことを全国の枠で取り上げてくれる可能性が出てきます。東京にいる記者と一から関係を築くのは難しいかもしれません。が、地方では記者と地元の方との距離感がかなり近いので、仲良くなりやすいのです。

記者は、人間関係こそが自らの財産だと考えています。あなたも、記者を一人の人間として損得抜きに付き合える信頼関係を築いてください。

まだまだ狙えるローカルメディアがある

このほか、同じく全国各地にある**ケーブルテレビ**も狙い目です。地方のテレビ局は基本、県単位で放送エリアが分かれています。これに対してケーブルテレビは市町レベルの狭いエリアに根ざした放送を行っており、コアな地元情報を求めています。

さらには、**インターネットニュースの「みんなの経済新聞ネットワーク」**にもプレスリリースを送る価値があります。こちらは「〇〇（地名）経済新聞」というサイト名で、全国各地ごとのローカルニュースをきめ細かに扱っています。「渋谷経済新聞」「博多経済新聞」などで、こちらも県単位よりもっと狭いエリアの情報を扱うので、地元情報は採用されやすいです。

多くの方が「大手のテレビ・新聞で取り上げてもらいたい」と考えるのは、当然だと思います。しかし最初から「大手のテレビ・新聞、有名雑誌」にばかり、こだわらないことです。まずは**「メディアは、出られるところから出る」という考え方が、非常に重要**なのです。

なぜなら、一度でも何らかのメディアで取り上げられると、それが実績になります。メディア関係者は、自社以外のメディアも常にチェックしています。

小さなメディアで取り上げられた記事を見て、大手のメディアから「取材させてほしい」というオファーが来ることは、非常によくあることです。取材が取材を呼ぶのです。

【お手紙プレスリリース実例4】

NYカーネギーホールでのフラワーオブジェ発表が決まりました
〜横浜・藤が丘のサロンで、主婦らが「和の心」をテーマに制作〜

こんにちは、横浜在住のフラワーデザイナー星野久美と申します。記者さまにおかれましては、日々の報道活動にお骨折りいただき、いつも感謝しております。

このたび、ニューヨークカーネギーホールにてフラワーオブジェを11月16日に発表することとなりましたので、お知らせさせていただきます。

この大変光栄な機会に、もっともっと海外の方々に日本の文化を好きになっていただきたい、知っていただきたい、という気持ちを込めて「日本の和の心」をテーマに制作いたします。

外国の方々の多くは、日本の着物（Kimono）、和装、人形に興味をお持ちです。着物とお花を融合させ、日本の「和」の要素を随所に取り入れたフラワーオブジェを多くの外国の方々にご覧いただき、日本の「和の心」「おもてなしの心」をもっと広く拡めていければ…と思っています。

私はこれまで1万5000点以上にのぼる作品を手がけてきました。国内・海外共に一流のホテルなどで、数々のフラワーオブジェ装飾に携わる経験をしました。2011年冬にもNYカーネギーホールにてフラワーオブジェを発表しております。

他に主なところでは、パリ三越にてプリザーブドフラワー新作発表、国連ユネスコPARIS本部にてフラワーアート展示、また八代亜紀さん絵画とのフラワーアートのコラボを行ったこともあります。

11月のカーネギーホールに展示するフラワーオブジェは、10月から私のサロンで制作を始めます。スケジュールは下記の通りです。

10月10日（土）13時〜18時

10月14日（水）10時〜15時
10月19日（月）10時〜15時
10月21日（水）10時〜15時
10月25日（日）13時〜18時

ご都合の良いお日にちに、このフラワーオブジェ制作の様子をご取材いただければ幸いです。よろしくお願いいたします。

星野久美
住所　横浜市青葉区藤が丘〇－〇－〇
電話番号　０９０－００００－００００

NY カーネギーホールでのフラワーオブジェ発表が決まりました
～　10月に横浜・藤が丘のサロンで「和の心」をテーマに制作します　～

こんにちは、横浜在住のフラワーデザイナー星野久美と申します。
記者さまにおかれましては、日々の報道活動にお骨折りいただき、いつも感謝しております。

このたび、ニューヨーク　カーネギーホールにて　フラワーオブジェを１１月１６日に　発表することとなりましたので、お知らせさせていただきます。

この大変光栄な機会に、もっともっと海外の方々に日本の文化を好きになっていただきたい、知っていただきたい、という気持ちを込めて　「日本の和の心」　をテーマに制作いたします。

外国の方々の多くは、日本の着物（Kimono）、和装、人形に興味をお持ちです。
着物とお花を融合させ、日本の「和」の要素を随所に取り入れたフラワーオブジェを多くの外国方々にご覧いただき、　日本の「和の心」　「おもてなしの心」　をもっと広く拡めていければ・・　と思っています。

私はこれまでに１万5000点以上に上る作品を手がけてきました。国内・海外共に一流のホテルなどで、数々のフラワーオブジェ装飾に携わる経験をしました。

2011年冬にもNYカーネギーホールにてフラワーオブジェを発表しております。

他に主なところでは、パリ三越にてﾌﾟﾘｻﾞｰﾌﾞﾄﾞﾌﾗﾜｰ新作発表、国連ユネスコ PARIS 本部にてフラワーアート展示、また八代亜紀さん絵画とのフラワーアートのコラボを行ったこともあります。

１１月のカーネギーホールに展示するフラワーオブジェは、１０月から私のサロンで制作を始めます。

スケジュールは下記の通りです。

１０月　１日（木）１０時～１５時	１０月　６日（火）１０時～１５時
１０月１０日（土）１３時～１８時	１０月１４日（水）１０時～１５時
１０月１９日（月）１０時～１５時	１０月２１日（水）１０時～１５時
１０月２５日（日）１３時～１８時	

ご都合の良いお日にちに、このフラワーオブジェ制作の様子をご取材いただければ幸いです。
よろしくお願いいたします。

星野久美

住所　　横浜市青葉区藤が丘[redacted]
電話番号　[redacted]

＊　レッスン作品　「和」の一例　＊

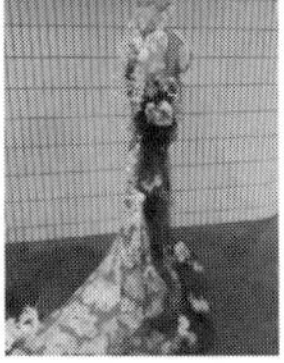

横浜アリーナにて演歌祭りコンサートロビー装花

2011年　NY カーネギーホールにて発表したフラワーオブジェ
（カーネギーホール内では写真撮影が禁止のため、LE PARKER MERIDIEN NEWYORK HOTEL　にて撮影したものです。）

解説

アメリカで日本の文化を発信するという、とても意義のあるイベントが決まったことをお知らせするお手紙プレスリリースです。

ニュース価値というのは、誰もが知っている人や物、場所などが関わると、大幅にアップします。その意味では、今回開催する場所が「ニューヨークのカーネギーホール」だということは、人の関心を集めやすく、ニュースになりやすいポイントでした。

そして、タイトルで「開催が決まりました」という書き方をすることで、新しい出来事としてのニュース性を意図的に伝えるようにしました。

さて、このプレスリリースは、どこに送れば取材してもらえるか?を考えてみます。仮にニューヨークのメディアに送るとします。ですが、これはニュースになるでしょうか?現地では毎日のようにイベントが行われており、今回のフラワーオブジェは数あるイベントのひとつという位置付けなら、ニュースになりにくいです。

ですが、星野さんの地元の横浜からの視点から見るとどうでしょうか？　地元の主婦たちが制作した作品が、ニューヨークのカーネギーホールで展示される、と聞くと、地元の人は「すごい！」と思う可能性が高いでしょう。つまり、**地元の横浜なら十分ニュースになる可能性があった**のです。

プレスリリースの本文では、簡潔に作品のコンセプトを説明しました。それから、さりげなく星野さんのこれまでのご実績を数字と固有名詞で紹介しています。これによって、記者は星野さんの専門性の高さを確認でき、取材申し込みを決断しやすくなります。

ポイントは、本文の後半に盛り込んだ、サロンでの制作日程です。

ローカルなメディアに、ニューヨークなど海外まで取材に来ていただくことは、ほとんど不可能です。そこまでの取材経費をかけることはできないからです。

その代わり、**「横浜のサロンに来ていただければ、作品の様子をご取材いただけますよ」というメッセージをここで伝えている**のです。

記者としては、これは非常にありがたい書き方です。わざわざアポを入れて調整する必要がなく、この日程を見ながら自分の都合の良さそうな日に現地に行けば取材できるからです。

星野さんはこのプレスリリースで、わずか1か月の間に6社から取材を受けることに成功しました。産経新聞さんから取材を受けた際は、次のようなメールをくださいました。

坂本さん、こんにちは。

本日、産経新聞社さまからの取材を受けました！

昨日の深夜にご依頼のお電話いただきまして、本日取材の流れです。

やっぱりお電話でお話しした後、お手紙つきのプレスリリースを送ったことが記憶に残っていたらしいです。

すっごく嬉しいです！

やはり、星野さんの想いがこもったお手紙が、記者の心をつかんだのですね。

第6章

手紙（プレスリリース）の送り方

マスコミにお手紙を届ける2つのルート

マスコミにお手紙を届けるには、大まかに2つのルートがあります。

1つは**「郵便で会社あてに送る」方法**です。手紙を封筒に入れてポストに投函、あるいは郵便局に持ち込むという昔からあるやり方です。これが基本になります。そして実は、もう1つのルートがあります。それは**「記者クラブに届ける」**という方法です。それぞれについて、以下に説明していきます。

1　マスコミ各社への直接アプローチ――所在地を調べる賢い方法

まずは、マスコミ各社に直接お手紙を届ける手順について説明していきます。

テレビ局や新聞社、雑誌社の所在地など連絡先は、前章でも紹介した『広報・マスコミハンドブック　PR手帳』（日本パブリックリレーション協会発行）あるいは『マスコミ電話帳』（宣伝会議）に載っています。どちらか一冊、手元に持っておくといいでしょう。
しかし、これだけでは不十分です。これらの冊子には、全国紙の新聞社やＮＨＫが全国各地に張り巡らせて配置している取材拠点は、載っていないからです（前章参照）。ケーブルテレビなどのローカルメディアも同様です。

では、どうしたらあなたの地元にある全国メディアの所在場所がわかるのか？
まず、最もお手軽な方法は、ネットで調べるものです。

「iタウンページ」という、電話帳サイトがあります。
http://itp.ne.jp/?rf=1
「どこで」「何を」の空欄に、あなたの地域（市区レベル）と「新聞社」または「放送局」の組み合わせで検索してください。これで、あなたの地元のマスコミ各社の住所と電話番号がわかります。

いかがでしたか、これで見つかりましたか？

ただ、これでも見つけられないことがよくあります。**県庁所在地には100％、そしてそれに準じる主要都市にも高い確率でマスコミ各社の取材拠点はあります。**しかし、日本全国のすべての市区にあるわけではないのです。

でも、あなたの地元に記者がいないからと言って、がっかりしないでください。あなたの地域を担当している記者が、近くに必ずいるのです。

例えば、僕は駆け出し記者の頃、九州の大分市役所を担当していました。ですが、自分の担当はそこにとどまらず、大分市の周辺自治体も含まれました。例えば、関サバ・関アジで有名な佐賀関町、温泉で知られる湯布院町（現・由布市）などです。そうした地域に常駐してはいませんが、何かあれば車を飛ばしてよく取材に行っていました。

では、あなたの地域を担当している記者はどこにいるのか？　それがわかる方法があります。簡単です。

あなたの地元の自治体（市町村）の図書館に行ってください。すると、ほぼ必ずひと通りの新聞をとっています。朝日、読売といった全国紙と呼ばれる新聞や、「県紙」などと呼ばれる地元新聞が置いてあるはずです。

たとえ同じ「全国紙」であっても、あなたの街に配られる新聞と、僕が住む東京で配られる新聞では、中身が違うのです。

新聞をひっくり返すと、裏にテレビ欄があります。そこから数ページめくってみてください。

「地域面」というページが、どの新聞もあります。熊本なら「熊本面」などです。そこには、あなたが住む地域の「地元のニュース」だけが載っているのです。

そのページの「熊本」などの題字の下を、目を凝らしてよく見てください。すると、**あなたの街のニュースの取材を担当する「総局」「支局」（または「通信部」など）の住所、電話番号、メールアドレスが載っています。**

このように、あなたの地域で配られる新聞の「地域面」に載っている連絡先が、あなたの地域を担当している取材拠点である、ということになります。

なので、あなたの地元図書館に足を運び、すべての全国紙の地域面を見ることで、地元の取材を担当する新聞記者の居場所がすべてわかります。

いかがですか？　もしこれでもわからない場合は、あなたがお住まいの県の県庁所在地にある支局・総局にお届けすれば大丈夫ですよ。社内で担当者に転送してくれます。

さて、**ＮＨＫ**の場合です。基本は、県庁所在地にもれなく存在する**「放送局」**宛てに送るのが無難です。ここが一番、記者が集っているからです。

ただＮＨＫも、新聞社ほどではないにしても、県庁所在地以外のローカル市にもいます。それが「〇〇**報道室**」です。「小田原報道室」「浜田報道室」などです。そこでは記者が一人で勤務して、取材活動を頑張っています。これら**報道室の住所や電話番号などは、あなたの地元のＮＨＫ放送局のサイトに載っています。**

①送り方について

マスコミ各社に手紙を届けるには、既述の通り、郵送が最も確実です。上記の流れで、住所はほぼわかりますので、問題ないでしょう。

ただ、急いでいる時などは、ファクスで送ることも否定しません。今だに新聞社の多くでは、ファクスをよく使っているからです。

しかし、新聞社のファクス番号はネットではわからないことが多いです。その場合は、電話をかけて、「プレスリリースを送りたいのですが、ファクス番号を教えていただけませんか?」と聞けば、簡単に教えてもらえます。先方では、こうしたやり取りは日常なので慣れています。

さらには、**直接訪問することもぜひ検討してください。**人同士は「フェイス・トゥ・フェイス」で向き合うのがベストです。全国紙も地方新聞社も「本社」は、セキュリティーが厳重なので、いきなり訪問しても記者に会える可能性は低いです。しかし、本社以外の取材拠点は比較的ガードが緩く、会社のドアを開けたら、すぐそこに記者がいることは珍しくありません。そこであいさつし、お手紙プレスリリースを手渡ししましょう。相手に時間があるようなら説明するといいでしょう。うまくいけばその場で取材になり、いきなり掲載されることも十分あり得ます。

プレスリリースは、郵送・ファクスではなく、電子メールで送る方法も一応あります。ただ、メディアによっては、電子メールはタイトルだけ見て、中を開かずに捨てているところが多いので、あまりお勧めしません。メールは簡単に送れることがアダとなって、マスコミへの迷惑メールがとても多くなっています。記者の間で、電子メールの多くは「迷惑情報」というイメージになっているのです。

②テレビ番組のリリース送付先を見つける方法

テレビ局にプレスリリースを送る場合、**基本は「番組ごと」に送ります。**

そしてさらに「個人あて」に届けられればベストなのは、新聞の場合と同じです。

では、テレビ番組の担当者はどうやったら調べられるのか?について説明します。1つは、ネット検索で**Wikipediaの番組ページ**を使う方法です。

たとえば、TBSテレビ『Nスタ』を、Nスタ×WikipediaでGoogle検索します。

そして、一覧中の「スタッフ」をクリック。ここを見ます。

プロデューサーは赤阪徳浩さん、と出ますが、この方はスルーします。プロデューサーはあまり現場と関わりが薄いからです。

ディレクター：加賀千草ほか、とあります。この方が**現場に密着しており、ネタ選びの権限を持っている可能性が高い**です。

このほか、それぞれの**番組のホームページ**から、制作者人名はわかるときもあります。

テレビなら、このようにWikipediaと番組ホームページを併用して調べましょう。

2　記者クラブへのアプローチ——電話、訪問の手順

記者クラブとは、どこにあるのか？　それは主に、マスコミが取材対象とする国や都道府県、市役所、警察本部（警察署）といった公的団体（多くは行政機関）の施設内にあります。あなたは知らなかったかもしれませんが、記者クラブは東京だけではなく、日本全国のあらゆる地域にくまなく存在しているのです。

マスコミ各社は寄り集まって記者クラブを構成しています。そして、公的団体から建物の一角を間借りして、各社の記者たちが机を並べています。記者たちは、この記者クラブの部屋（記者室）にいると、その団体から記者クラブに情報が次々と提供されます。プレスリリースという紙の資料だけの時もあれば、記者会見が行われることもあります。そうして、テレビや新聞、あるいはラジオの記者たちは情報を得て、記者クラブの部屋で原稿を執筆しているのです。

記者クラブにプレスリリースを持参することは、マスコミ各社に個別に郵送するのと比べると、とても効率的です。なぜなら、記者クラブ1か所に訪問するだけで、数多くの新聞社・テレビ局・ラジオ局に情報を一気に届けることができるからです。

では、実際に情報を持っていくことにしましょう。まず、記者クラブの選び方です。どの記者クラブに持っていくか？です。

坂本が**おすすめする記者クラブは、「都道府県庁」「市役所」といった地方自治体の記者クラブです。**まず、47都道府県庁すべてに記者クラブ（記者室）があります。さらには県庁所在地の市の市役所にも、必ずあります。

東京の場合、都心部では官庁や経済団体など、様々なジャンルに細分化された記者クラブがあります。ですが、そうしたところでは、記者の意識は、メジャーな巨大企業や官庁にばかり向いており、持ち込みはあまりお勧めできません。東証一部の上場企業であっても取材呼び込みに四苦八苦しているのが現状です。

では、東京ではどこが狙い目か。市であれば多くの市役所に記者室があります。そこは有力なプレスリリースの持ち込み先になります。

一方、23区の区役所はどうか。記者室のあるところは多いですが、記者はまず常駐していないはずです。全国紙などでは一人の記者が複数の区役所を担当し、用事がある時だけ足を運んでいます。

では、区役所に持ち込むのはムダか、というと、そうとも限りません。記者クラブの窓口となっている区職員（多くは広報課の方）に相談してみることです。広報に熱心な区では、区内のネタをマスコミ記者に積極的に提供しているところがあります。そうした区であれば、マスコミにうまく取り次いでくれるかもしれません。

地方なら、大まかな感覚ですが主要都市に当たる人口10万以上の規模であれば、どの市役所にも記者クラブがあるはずです。もちろん、10万に満たない自治体でもあるところはあります。そうした地方都市や県庁所在地の市役所、あるいは県庁に足を運び、記者たちに接触すればいいのです。

では、あなたの地元の市役所のどこに記者クラブはあるのか？　それは簡単にわかります。ネットで検索し、ホームページの中の「庁舎案内」を見てください。

注意したいのは、「記者クラブ」という名称で載っていることは少ない点です。ほとんどのケースで、**「市政記者室」あるいは「県政記者室」などと表記されています。**

今は多くの役所が、ホームページで庁舎の見取り図を公開しています。見取り図がなくても、庁舎案内でどのフロアに何の部署があるかがわかります。あなたの地元の役所のホームページを見てみてください。多くの場合、役所の記者クラブは「市長室」や「知事室」の近くにあります。目を凝らせば、「記者室」が見つかるはずです。

①記者クラブへの電話

まず、いきなり訪問してもいいですが、**行く前に「電話」をかけてみることが望ましいです。各記者クラブごとに独自のルールを定めていて、プレスリリース持ち込みに関するルールがあるからです。**

ほとんどの市役所・都道府県庁の記者クラブは、外部からプレスリリースの持ち込みを受け入れているはずです。が、まれにその記者クラブが存在する公的団体のものしかプレスリリースは受けていない、というところもあります。なので、足を運ぶ前に電話をかけてみましょう。

記者クラブの直通の連絡先は、電話帳やインターネットにはほとんど出ていません。ではどうしたら電話で話せるのか？　それも簡単です。

市役所あるいは県庁の「代表番号」に電話するのです。電話番号はネットでホームページを検索すれば、一発でわかります。そして、電話に出た受付の方に、「記者クラブに回していただけますか？」と告げるだけです。すると、あっさり役所内にある記者室につないでもらえます。

「何の用件ですか？」と聞かれたら、「プレスリリース持ち込みのご相談です」と言えば問題ないでしょう。あまりにも露骨な宣伝・営業活動でない限り、プレスリリースは拒否されることはないはずです。


さて、電話を回してもらった先では、記者クラブの受付の方（役所の職員さん）が出る場合と、いきなり記者が出る場合とがあります。どちらの方が出られた場合でも、「プレスリリースをお持ちしたい」との旨をお伝えください。すると、先方はすぐわかります。手続きや段取りを教えてくれるはずです。

多くの場合は、「大体でいいので、どのような内容ですか？」と聞かれると思います。その場合は、短く簡潔に伝えましょう。相手は忙しいので、だらだらと話されるのを嫌がります。あるいはそこで露骨に売り込みを始める方もまれにいます。それも記者の心象を悪くする可能性が高いので、控えたいところです。

この電話でのポイントは、

- **簡潔に、プレスリリースの内容を伝えること**
- **内容に、社会性、公共性が含まれること**
- **プレスリリースの必要部数を聞き、その部数を用意すること**

そして、「**幹事社の記者と話しておく**」ということがあります。

②幹事社とは何か？

幹事社と言われても、知らない方はピンとこないと思いますので説明します。どの記者クラブにも、ほぼ必ず幹事社があります。それは、**記者クラブに加盟するマスコミ各社が輪番制で毎月2、3社が担当する役職です。対外的な窓口や、クラブの取りまとめなどの**

役割を担っています。

ですので、あなたがプレスリリースを持ち込みたいときは、まずその記者が代表として出て来ることが多いです。なので、プレスリリースの持ち込みを認めてもらうには、その記者に話をつけるのです。

幹事社といっても、記者は記者です。電話でダラダラ説明されることを嫌います。要点をシンプルに伝えてください。

それから、あなたのプレスリリースに社会性や公共性を持たせることを意識してください。「商売の宣伝」のためにプレスリリースを持ち込もうとしている、と幹事社の記者に思われたら、「記者クラブはそういうところではありません。来ないでください」と言われてしまいます。

東京にある大組織の記者クラブでは、「商売の宣伝」目的でアプローチする会社がかなり多いです。東京の主要クラブではすごく迷惑がられ、門前払いです。しかし、市役所・県庁の記者クラブなら、そこまで神経質にならなくても問題ないはずです。

ただ、県庁所在地以外になると、記者クラブに記者は常駐していないケースが少なくありません。この場合、なぜか役所の広報担当職員が記者クラブの窓口になっていることが多いです。そして、民間からのプレスリリース持ち込みを受け付けていないこともあります。本当に地域によって様々ですので、最初に電話をかけて、あなたの地元の記者クラブの様子を確認しておいてください。

③記者クラブへの訪問

記者クラブへの訪問についても、簡単に触れておきます。先に説明した通り、記者クラブがある部屋は「記者室」と表記されています。

市役所であれば「○○市政記者室」、県庁なら「○○県政記者室」です。福岡市政記者室、佐賀県政記者室、などです。

役所を訪ねると、1階のロビーなどに庁舎案内が掲げられています。そこに、どの階に何の部署があるかの一覧が示されています。

実際に記者室はどうなっているのでしょうか。入り口を入ったらすぐ、受付の職員さんが机に座っているケースが多いです。この方は役所が雇用している臨時などの職員で、女性がほとんどです。自治体の役所内には企画や観光、農林水産など数多くの部署があり、そうしたところから次々と記者発表のプレスリリースが記者室に届けられてきます。それをその職員さんがさばき、マスコミ各社に配布しているのです。各社の記者と毎日、顔を合わせるため、自然と記者たちと仲良くなります。この方ににらまれると、幹事社の記者にほぼ確実に〝告げ口〟されるため、失礼のない対応を心がけたいところです。

記者クラブを訪問したり、電話をかけたりした際は、この方が幹事社の記者に取り次いでくれます。

記者クラブの中は、マスコミ各社ごとの机が並んでいます。書類があふれた雑然とした雰囲気です。1社1社きっちり区切られたブースのようになっているところもあれば、隣をのぞき込めば他社の記者の原稿が見えるほどオープンな机の並びになっているところもあり、様々です。ですが、部外者は各社の机まで歩み寄ることはできない雰囲気です。おおむね、入り口付近の受付で用事を済ませるシステムになっています。

記者クラブを訪問したら、受付の職員さんに声をかけ、幹事社の記者にあいさつし、プレスリリースの各社への配布について了解を取ってください。

どの記者室にも、プレスリリースがどんどん投げ込まれていく棚があります。マスコミ各社ごとに区切られており、その記者クラブの加盟社が15社なら15の枠があります。ここを通じて、あなたが持参したプレスリリースは各社の手に届きます。なお、このようにしてマスコミ各社に一斉にプレスリリースを配布することを、関係者は「投げ込み」と呼んでいます。

持参すべきプレスリリースの枚数を知っている二回目以降のプレスリリース提供でしたら、事前の電話なしに訪ねてもいいでしょう。ただ、その記者クラブがプレスリリース投げ込みの事前了解を必要とするところは、その限りではありません。記者クラブごとにルールがあるので、確認しておいてください。

プレスリリースは、ハダカのままで大丈夫です。つまり、一部一部、別々の封筒に入れるような面倒なことをする必要はありません。ファクスにつける送付状のようなものも不要です。記者は情報さえわかれば良く、体裁は全く気にしていません。

A4判の紙、15部なら15部、必要部数をハダカのまま事務の職員の方に手渡せば、各社に配ってくれます。あるいは、先に説明したマスコミ各社の投げ込みの棚を示され、「どうぞお配りください」と言ってもらえます。

ちなみに、記者クラブの幹事社は、1～2か月ごとにローテーションで替わっています。たまたまあなたが訪問した時、その幹事社の記者が暇だったり、あなたのリリースに強い興味を持ったりした場合、「まあどうぞおかけください」とソファなどをすすめられて、質問を始めることもあります。いきなり取材されるのです。その場合はチャンスですので、熱意を込めて、お話ししましょう。

ただ、**やってはいけない注意点**があります。**幹事社の記者に「あなただけにお知らせしますので、書いてください」と頼むこと**です。これをされると、幹事社の記者はとても困ってしまいます。なぜなら、幹事社というのは建前上、記者クラブの代表なのです。記者クラブの全体のとりまとめ役です。この立場を利用して、抜け駆けして記事にすることは許されないのです。

ただ、すべての記者は、その本能として「他社には載っていない、自分だけの独自記事を書きたい」という欲求を持っているのはまぎれもない事実です。

記者クラブではなく、マスコミ各社に直接プレスリリースを持ち込む場合でしたら、「おたくだけにお知らせしますので、書いてください」と頼むのはありでしょう。

しかし、記者クラブはマスコミ業界の横並び組織です。そこに持ち込む限りは、「記者クラブの加盟各社すべて公平に情報をお伝えする」ことを心がけてください。なので、記者クラブを訪ねておいて、「配るのはテレビだけでいいです」「〇〇新聞愛読者なので、よその新聞社には配りません」などという要望は通用しない、ということは知っておいてください。

記者室訪問のポイントは

- **プレスリリースを、「加盟社の数」＋予備を用意して訪ねる**
- **記者室内や記者の様子を、物珍しそうにじろじろ見ない**
- **マスコミ各社に公平に情報をお届けする意識を持つ**

こうした点に、注意してください。

必ず手紙を読んでもらえる賢い送り方――「名指し」アプローチ

郵送の際、あなたのことを「取材したい」とマスコミ記者に印象づける、良い方法を紹介します。それは、記者やディレクターを名指しして、「個人名」あてにお手紙を送る、というものです。

ほとんどの人はプレスリリースを送る際、「○○新聞社　社会部御中」などと、新聞社・テレビ局の部署あてに送ります。

しかしほとんどは、タイトルだけチェックされ、ゴミ箱に捨てられています。内容まで読まれていないのです。なぜなら、社名や部署名など組織名あてに送られてきた手紙やプレスリリースは、記者らが手に取っても「自分ごと」に感じられないからです。サラリーマンの義務感で、事務作業としてプレスリリースをチェックするだけです。

この場合、「これは他所の社も記事にするだろう、うちも記事にせざるを得ない」というプレスリリース以外、記者は手をつけようとしません。「記事にしてもしなくてもいい」レベルだと、「余計な仕事を増やしたくない」という記者の心理から、スルーされるのです。

ではどうしたら、手紙を読んでもらえるか？　それは単純な話で、**記者は「自分あて」の名指しを受けた手紙であれば、必ず開封して中身を読みます。**

新聞記者、テレビディレクター、いずれの人たちも、ある意味で「職人」「表現者」です。つまり、番組や紙面は彼らの作品で、その作品が評価されることに大きな喜びを覚えます。

さらには、彼らは自分の仕事に自負を持っていますので、自分の「名前」を知ってもらうことにも喜びを覚えます。

僕もそうでした。自分の名前が新聞に載って、読者さんから「坂本記者へ」というお手紙が来た時は、ものすごくうれしかったです。

ですので、あなたが新聞やテレビにアプローチして情報をお届けする際は、**できるだけ送り先を記者やディレクターの「個人名」にしてください。**

記者やディレクターは、「俺あてに送ってくれたんだ」と思うと、悪い気はしません。

そして、自分を頼ってきたその人に好意を抱くので、何か頼まれごとをしたら、「どうにかして協力してあげたいな」と考えるのが人情なのです。

記者を大感激させる、あなたの「感想」

ただ、**「なぜその人に送ったのか？」理由がないと、失敗します。**

「○○社会部長様」や「デスク様」のような、役職あてに送られてくるプレスリリースは数多くあります。こういう送り方をしても、ほとんど意味がありません。送られてくる本人も、送る側のその意図をわかっています。「少しでも役職の高い人にプレスリリースを送れば、取材可能性が高いと思っているんだろう」とお見通しなのです。なので、こういう送り方をしても読まれません。

ではどうしたらいいのかというと、**新聞記事やテレビ番組の「感想」を伝える**のです。

新聞なら、署名記事があります。新聞を読んで、「この記事いいな」と思えるものが1

つや2つあるはずです。

その記者あてに、その記事の感想を添えて、取材してもらいたい内容を伝えます。書き方は次のような流れです。

「△△記者へ

日々の取材・報道のご活動に敬意を表します。3月6日付の……の………の記事を、拝読しました。

とても鋭い着眼で、なおかつ△△記者の暖かい眼差しが伝わってきて、心に響く記事でした。

報道のお仕事は、心身とも過酷なものとうかがっております。どうかご自愛ください。

ところで、日々多忙な△△記者にお知らせするのは少し気が引けたのですが、勇気を出してお便りを出してみました。

4月15日に、武蔵野市民会館で、××××のイベントを行います。もし可能でしたら、△△記者に現場をご覧いただき、記事にしていただけたらと考えた次第です。

お忙しいこととは存じますが、△△記者に取り上げていただけたら、とてもうれしいです。……

このような流れです。これが、心からのあなたの思いで書かれたものだったら、記者は大感激します。

ただ、この文章をそのまま真似たりしないでくださいね。本当のあなたの想いを込めて書いてください。表面だけの薄っぺらいお世辞は、ばれます。

記者は、署名記事を書く時は、自分の名前が載ることをかなり意識しています。これは何十年も記事を書いているベテランだってそうです。だから自分あてに読者さんから反応が返ってきたら、どんな記者でもとてもうれしいのです。

プレスリリースは、相手を口説くラブレターです。その意味で、相手に何か頼みごとをする前に、その人の良い点を具体的に褒め、「あなただから、お付き合いしたい」という頼み方をすることは、とても理にかなっています。

ですが、プレスリリースを送る人で、このようなアプローチをしている人はほとんどいません。ほぼ皆無と言ってもいいくらいです。このアプローチを知ったあなたは、大きなアドバンテージを得ました。

「誰でもいいので、私と付き合ってください」という一方的なオファーは、恋愛で成功するわけがないのは誰でもわかりますよね。逆に、「〝あなた〟が心から好きなので、お手紙を書きました」は、どんな人でも心に刺さります。

あなたは無機質で事務的な文書ではなく、マスコミ記者と心を通わせるような「お手紙」を、ぜひ書いてみてください。

そして、その記者とご縁ができれば、その方と一生付き合うくらいのつもりで、そのご縁を大事に育んでください。

掲載ハードルが低い「告知記事」を狙う方法
――イベントで掲載確率アップ

メディアの取材を呼び込むには、「イベント」を企画するのが有効です。あるテーマについて、特定の日時・場所に人々が集まっている。これはニュースになりやすいのです。例を挙げます。

①「取材に来てください」

②「6月22日午後2時～、鎌倉市民センターに取材に来てください」

①だと、記者は「いつでもいいな。でも取材を申し込むのが面倒だな」と思います。一方、**②だと記者は「その時間に行けば、すぐ取材できるな」と考えます。**

これは、記者にとっては、心理的に大きな違いです。

記者の立場からすると「その日その場所に行けば、取材ができる」というのは、安心感があります。アポを取る必要がないので、楽なのです。僕も新聞記者時代に苦労してきたのですが、取材は、アポを取るまでが大変なのです。

また、「日時と場所」が決められたら、記者は「行くか?行かないか?」の二者択一を迫られます。イエスかノーか?を迫る質問には力が宿ります。

あなたも、「今度いつか飲みに行こう」と誘われるのと、「3月21日の夜7時から、新橋の居酒屋○○○で飲まない?」と誘われるのでは、全然違う印象を受けるはずです。

さて、このようにイベントの企画は取材に来ていただくのにとても有効です。しかしもちろん、何の変哲もないイベントでは取材されません。

人の役に立つ何らかの明確な「コンセプト」を掲げることが、まず必要です。

また、そのイベントが、本業と関わりが強すぎると、マスコミ記者の反応は鈍くなります。なぜなら、それは「営業活動の一環」と見られるからです。

どういうことか?　わかりやすい事例をあげます。住宅メーカーが住宅展示のイベントを頻繁に開催しています。でもこれは、滅多に取材されません。理由はすぐわかると思います。これは、本業で儲けるための「客寄せイベント」だからです。

このように、本業とダイレクトに関連するイベントは取材されにくい法則があります。

マスコミ記者は、自分たちの記事や番組が、宣伝に利用されることを極端に嫌うからです。

ですので、**イベントを企画する場合は、意識的に本業とは「ズラす」ことがベター**です。

その方が、外から見て社会貢献性が強まり、マスコミが取材しやすくなります。

さらに、イベントのプレスリリースが、マスコミの記事掲載に有効である大きな理由があります。それは、**当日に取材に来てもらうことだけでなく、「開催日の前に、告知の記事を書いていただけませんか？」とお願いできる**ことです。

つまり、「開催の前」と「開催された後」の前後二回、記事が掲載されるチャンスがあるというわけです。

正直、イベント当日、記者に取材に来ていただくのは簡単とは言えません。特に週末ともなれば、開催されるイベントは多く、記者の数と紙面には限りがあるからです。よほどのイベントでない限り、その日になってみなければ取材に行けるかどうかもはっきりしないことが多いのです。しかし、事前の告知記事にしてもらうのは、そこまでハードルが高くありません。

【小田原の××で、介護フェア】……３月９日、小田原市××の××で、介護にかかわる人たちを対象とした介護フェアが開かれる。このフェアでは、＊＊＊＊の特徴がある介護用品１３０点が展示される予定で、主催する○○○○では、広く来場を呼びかけている。

こういうのが、事前の告知記事です。

広く一般の方が参加できるイベントで、この記事を見て興味を持った読者さんは、当日のイベントに参加できるのです。

記者であれば、この手の記事は情報さえあれば、ものの10分ほどでお手軽に書けます。しかも現場に行く必要がない。せいぜい簡単な電話取材で済むので、わりと気軽に記事執筆に応じてくれます。このようなイベントがある、と知らせるのは読者さんのメリットにもなりますし、よほど変なイベントでない限り、「載せてもいいかな」という判断に傾きやすいのです。

もちろん内容が大事です。社会性・公共性のないイベントやセミナーは、拒否されます。高い会費を取るイベントなども、対象外となってしまいます。ですが、**事前の告知記事**は上記の理由で**記者は気軽に記事にしやすい**ので、お願いしてみる価値があります。

事前の告知では小さな記事になりがちですが、載れば「読売新聞で紹介されました！」などと対外的に言えます。

さて、イベントを知らせるプレスリリースでは、ぜひ**イベントのイメージが伝わる写真を添えて**記者にお届けしておきましょう。例えば、過去も同じイベントをしていたなら、その時の開催の様子の写真です。

事前告知の記事にも「写真」を付けてくれることがよくあります。文章だけの記事よりも、写真があれば紙面ではるかに目立つ扱いにしてもらえる可能性があるのです。

まとめますと、記者に対して日時が決まったイベントをお知らせする際は、当日に来てくれるよう頼むのはもちろん、「事前告知」を頼みましょう、ということです。

必殺！茶封筒作戦

郵送でテレビ局や新聞社に送る際、ちょっとした送り方のコツをお教えします。それは、封筒は「茶封筒」を使用し、住所は手書きで送る、というシンプルな作戦です。

なぜ、茶封筒がいいのか？　見た目には美しいとは言いがたく、野暮ったい印象を受けます。が、それが逆に良いのです。

新聞社やテレビ局には膨大な数の郵便物が届きます。それらの多くは、資金の豊富な大企業が「取材してもらおう」という狙いで送ってくるものです。そうした企業の郵便物は100％、宛名を手書きしたものはありません。活字で印刷され、封筒も企業ロゴなどのデザインの整ったものです。

見た目にはきれいです。ですが、それゆえに「売り込み資料」だと一目でわかってしまうため、開封する前に中を見る記者のモチベーションは下がってしまいます。**見た目のきれいな封筒＝企業の売り込み、だと反射的に考えます。**こういう資料には、多くの記者は魅力を感じません。

記者が欲しいのは、「整った情報」「お膳立てされた情報」ではありません。記者はある意味で「狩人」、ニュースの狩人なのです。まだ誰も知らないようなレアな情報が欲しい。例えると、コンビニで誰でも買える肉まんではなく、土の中に密かに埋もれた、泥のついた野菜のような情報を見出したいのです。

その点、茶封筒で手書きで届いた手紙は、まさに「泥のついた野菜」と感じさせるものです。新鮮で、まだ世の中に知られていない情報ではないか?と感じさせられるのです。

そもそも、手書きの時点で、「大量に不特定多数に送られたものではない」ことが容易に想像できます。記者は「ライバル社が知らない情報を、ライバルよりも少しでも早く、世に出したい」と常に考えています。ですので、**茶封筒の手書きの手紙が届いたら、反射的に「すぐ読まなければ」と考えます。**ですので、茶封筒に手書きの宛名の手紙は、毎日のニュースを追いかけるテレビ新聞の報道記者であれば、ほぼ確実に読んでもらうことができます。

もちろん、茶封筒が絶対ではありません。言うまでもなく、取材してもらえるかどうか?は、内容次第です。せっかく茶封筒で出したのに、社会的な視点が全くなく、自分の売り込みばかりとなると、記者をがっかりさせることになるので注意してください。

下手な鉄砲、数打つな

デジタルツールの発達に伴い、プレスリリースを多数のメディアに一斉送信するサービスが、このところネット上などでいくつも見られます。

「何千もの送り先リスト(メディアリスト)を持っています」ということを売りにしているところがあります。しかし、その送り先が「メールアドレス」だけだと、あまり意味がありません。

なぜなら、記者は機械的に送られてきた宣伝メールは、中身を開かずに「削除」しているからです。僕も新聞記者時代、会社に届いたこのような迷惑プレスリリースを毎日、大量に消していました。電子メールを送信して、マスコミに接触したつもりになっていては危ういです。

また、数ある業者の中では、「プレスリリース配信」をうたっていながら、提携しているネットメディアに自動で掲載しているところがあります。これは、取材されて書かれた記事ではなく、プレスリリースがそのまま掲載されるのです。

しかし、これも首を傾げざるをえません。「マスコミ記者に取材されること」が、プレスリリース本来の目的のはずです。その意味で、プレスリリースがそのままネットに載ったところで、何の意味があるのでしょうか?

こういう怪しげなサイト掲載を「メディア掲載を保証!」としてアピールしています。そのプレスリリースは残念ながら、ほとんど誰にも読まれていません。もしかしたら、検索エンジンに多少引っかかる効果はあるかもしれません。でもそれは、自分のブログやサイトでもできることです。

ファクスでも、むやみに送るのはやめたほうが賢明です。受け取る側にとって、紙の無駄になってしまいます。

メールにしてもファクスにしても、記者にとって、中身のない宣伝チラシを大量に送ってこられるのはとても迷惑です。

記者は、プレスリリースを宣伝ツールだと勘違いして機械的に送ってくる人たちに対して、怒っています。「どこでもいいから、マスコミにひっかかればいい！」「数打てば当たる」という考えが、露骨に透けて見えるからです。

プレスリリースがどう選ばれるかは、ネットの検索エンジンのような機械的な仕組みで選ばれているわけでは、決してありません。

１００％「人間」が手にとって、目を通して、「取材するかどうか？」判断しているのです。

ネットやメールは効率的なツールなので、ついつい向こうに人がいることを忘れそうになります。ですが、あなたが書いている文章の向こうには、血の通った「人」がいるのです。

マスコミの人も、あなたと何ら変わりない、同じ人間です。それを忘れないでください。

きちんと送り先の新聞・テレビの向こうにいる「人間」を意識してください。記者も、気持ちを込めて送られてきたプレスリリースは、すぐにわかります。

文章には、あなたのいい加減な思いも、情熱的な思いも、伝わってしまう恐さがあります。ましてや、マスコミの人は、文章のプロです。いい加減な気持ちで書いた文章は見抜かれます。きちんと気持ちを込めていただきたいのです。

もちろん、すべてのプレスリリース配信サービスを否定はしません。人手や時間が足りないけれども、短時間で多くのメディアにお手紙プレスリリースを届けたい、という場合などは、時には利用しても良いかもしれません。

ただ、記者の立場としては、「どこでもいいから取材してくれ」と言われるよりも、「おたくの新聞」「おたくのテレビ（番組）」に取材してもらいたいと言われる方が、はるかに心は動きます。できれば、個々の記者宛にお便りを書いていただければと思います。

大手メディア記者の心理に寄り添い、一生ものの関係を築く

マスコミから取材されることを実現する方法として、ノウハウやテクニックは、ものの本などで多く語られています。しかし、記者の心理に触れているものはほとんど見たことがないので、少し解説したいと思います。記者の心理を知っていただくことで、きっとあなたのメディアへのアプローチに役立つはずです。

まず、記者と言っても組織の中で生きるサラリーマンです。あなたにサラリーマン経験があるのでしたら、日々どんな気持ちで仕事をしていたか？　思い出してください。ご自身に割り当てられた業務の中で、高いパフォーマンスを発揮することを上司から求められていたはずです。

あなたがアプローチする記者は、いつも上司のプレッシャーにさらされています。では、それはどんなプレッシャーか?それは一言で言えば「原稿出せ」です。もっと言えば、よその社が出していない「独自ネタの記事を出せ」です。組織人としては、そういう上から

のプレッシャーがあります。

マスコミ記者は、一般の人が思っている以上に、競合他社のことを非常に意識しています。とにかく他社との取材競争に勝つこと、これを現場の記者は課されていました。読者の役に立つ記事、読者の心を震わすような記事、これらももちろん評価されますが、文章の良い悪いの評価は、数値で絶対評価できるものではありません。読み手それぞれ好みもあります。ですが、特ダネなら誰が見ても明らかで、記者のサラリーマン評価の基準になりやすい面があるのです。

ただ、そうした記者同士の競い合いが高じて「読者不在の不毛な取材競争」「（マスコミ業界という）コップの中の嵐」に陥っている側面が大きいのですが…。

話を戻します。いずれにしても、記者たちは独自記事、つまり特ダネを多く書くことで「優秀な記者だと認められたい」という欲求を強く持っています。

そして、**特ダネをつかむには「ネタ元」、つまり自分だけの情報提供者のネットワークが必要です。そんな人脈を築いていきたい、と記者たちは強く思っています。**

優秀な記者は、優れたネットワークを持っています。何か事が起きても、電話一本で情報を取れる関係を、いくつも持っているのです。何か事件が起きて、締め切りが迫る中、なかなか情報が取れずに編集部が大騒ぎしている場面が、日常的にあります。そんな中、「あ、それわかりますよ」とさっと電話をかけて、いともたやすく情報を取れる記者。そんな記者が格好いいのです。

言ってみれば、あなたはそのような記者のネットワークの1人になってあげればいいのです。いわば、その**記者の応援団**です。

「私は、記者に貢献できるような情報提供者になれっこない」なんて、思わないでください。必ずなれます。なぜなら、あなたは確実に記者たちが知らない何かをたくさん知っているからです。

「総理大臣がいつ衆議院の解散総選挙をするか?」とか、「あの殺人事件の犯人は誰か?」などといった、大げさな話ばかりを記者は取材しているわけではありません。

「30代の子育てをしている女性はいないかな?」とか、「町おこしに熱心な活動をしているグループはないかな?」などと、あなたの身近なテーマを追いかけていることは多々、あるのです。

あなたは、強力なネットワークは持っていないかもしれません。でも、20人の知り合いがいれば、記者はあなたとつながることで、20人のネットワークを間接的に得られます。これは記者にとってありがたいのです。

あなたは記者に対して、自分のことばかり情報提供するのではなく、あなたの周囲で紹介できる人や情報をどんどん提供してあげてください。これは、記者にとって本当にうれしく、心強いのです。

あなたが提供できる情報がすぐ、特ダネに結びつかなくてもいいのです。「自分には、〇〇さん（あなた）という、信頼できる知り合いがいる」という事実は、記者にとって精神安定剤たり得るのです。

マスコミ記者もサラリーマンである、ということを、ここでもう一度思い出してください。仕事の結果を出すことはもちろん大切ですが、サラリーマンは「過程」も上司に見られます。「こいつは記者として、ネタ元の開拓はできているのか？」と、上司は部下の記者を値踏みしています。

そんな時、もしあなたがある記者と仲良く情報交換している様子を、その上司が知ったらどう思うか？　あなたが何者かは関係ありません。記者の上司は基本的に、他の記者の人間関係には踏み込んできません。記者という仕事は一匹狼で、記者は個人商店だ、という考え方が業界内では根強くあります。記者個人が持つ携帯番号やメールアドレスは、個人の財産なのです。

なので、いくら上司といえども、細かく詮索しません。若い記者が、人間関係を築いている様子を見たら、「こいつも頑張っているな」というふうにとらえる可能性が高いのです。それは、サラリーマン的にはポイント稼ぎになります。

あるいは、紙面の企画でちょっとした人探しをすることはよくあります。「猫を飼っている人」など、本当にささいなものです。そういう場合でも、「僕知り合いにいますよ」とすぐ言える記者は、上司や同僚から「ほーっ」と感心されるのです。

記者が特ダネを書けるネタを提供する、という「実益」を与えられればベストです。でも、そうでなくてもあなたは記者に貢献できるという意味を理解していただけたでしょうか。

そして記者の多くは、転勤族です。その土地にいる記者は、その土地の出身ではないケースがほとんどです。見知らぬ土地に赴任し、数年ごとに移っていく。記者も不安なんです。記者でなくても、その土地に友達が欲しくなると思いませんか？

あなたは、そうした記者を助けることができる力を持っています。記者たちを応援してあげてください。そして記者と親しくなった結果、きっとその記者は、あなたのために記事を書いてくれる日がやってくるでしょう。できたら、一生付き合うつもりで関係を育んでいただけると、あなたも記者もハッピーになれますよ。

【お手紙プレスリリース実例5】

東アフリカの子どもたちを救いたい。
タンザニアの手編みかごの展示会を多摩市のカフェで開催中です。

お久しぶりです。以前、娘を連れて飛び込みでご挨拶させていただきました、星智子と申します。多摩市鶴牧在住（御社からすぐ近くのマンションです）で、東アフリカ（ケニア・タンザニア・ウガンダ）のフェアトレード商品の販売をしています。

このたび、日本初上陸の手編みかごを日本に広めるために展示会を開催中ですので、お知らせをさせていただきます。

現在、先進国と途上国の貧困格差を、日々の買い物を通じて解決していこうとするフェアトレード運動が盛んです。生産者に正当な対価を支払って商品を販売するフェアトレードの考えは、１９６０年代アメリカに始まり、その後イギリスやヨーロッパ諸国に広がり最近は日本でも浸透してきました。

私は、学生時代にケニアとタンザニアを訪れ、そこで目にしたストリートチルドレンを救いたいという思いを抱き続けてきました。子どもを救うためには親の安定した収入が必要であり、生産者と対等なビジネス関係を築くことが結果的に生産者の経済的自立につながっていくという考えに共感したものの、当時は自分に自信がなく、フェアトレードビジネスを始められませんでした。

三人の子育てに追われる日々が一段落したころ、子育ての合間を利用して働く方法を探し始めました。色々と調べる中で、フェアトレードカンパニーの創設者であるサフィア・ミニー氏の著書と出会い、子育てをしながらでも社会起業した彼女から勇気をもらい、長年温めていた「途上国の子どもを救いたい」という想いが再燃したため、フェアトレードビジネスを始めることにしました。

スタートして１年ほどたったころ、タンザニアの手編みかごの取引が始まりました。ＮＰＯ法人「Ｗｏｍｅｎ Ｃｒａｆｔ」はタンザニアで設立されましたが、もとは国連難民高等弁務官事務所（ＵＮＨＣＲ）の試験プロジェクトとして事業が始まり、国際フェアトレード機関（ＷＦＴＯ）の認証も得ている信頼性のある団体です。その上、タンザニア・ルワンダ・ブルンジの３か国の国境付近の村で活動しているために各国の伝統文化が混ざり合い、今までにないデザインが生み出されています。例えば、柄を表現するために布を編みこむ技法は、このかご独自のもので他に類を見ません。

　品質がよく、デザインも独特で、しかも日本初上陸である付加価値の高いこのかごの存在を日本全国の方に知らせ、現地の生産者により高い利益を還元することを目的として、今回の展示会を開催することにしました。

　私は、ストリートで生活したり、ご飯が食べられなかったり、学校へ行けないような不遇の中にいる子どもたちを一人でも多く救いたいと考えています。

　大変お忙しいかとは存じますが、この件につきまして会期中にご取材いただき、報道のお力で多くの方に私の活動について知らせていただければ幸いです。何とぞよろしくお願いいたします。

　展示会の概要は以下の通りとなっております。

【会期】開催中：２０１５年10月４日（日）まで12：00～20：00

【会場】Ｍａｍｅｔｒａ（マメトラ）

〒２０６－００１１　東京都多摩市関戸４－34－15

＊入場無料＊

【Ｔｅｌ】０４２－３５５－３６９９

【会場ＨＰ】http://mametrauk.jimdo.com

【連絡先】Ｋｉｃｈｅｋｏ（キチェコ）／代表　星智子／

〒２０６－００３４　東京都多摩市鶴牧○－○－○

（Tel）090－0000－0000/（Web Shop）http://kicheko.net

（mail）ooo@oooo.com

（FB）https://www.facebook.com/Kicheko.AfricFairTrade

株式会社多摩テレビ
ご担当　青山様
プレスリリース

2015年9月24日
Kicheko（キチェコ）

東アフリカの子供たちを救いたい。
タンザニアの手編みかごの展示会を多摩市のカフェで開催中です。

お久しぶりです。以前、娘を連れて飛び込みでご挨拶させていただきました、星智子と申します。多摩市鶴牧在住（御社からすぐ近くのマンションです）で、東アフリカ（ケニア・タンザニア・ウガンダ）のフェアトレード商品の販売をしています。

このたび、日本初上陸の手編みかごを日本に広めるために展示会を開催中ですので、お知らせをさせていただきます。

現在、先進国と途上国の貧困格差を、日々の買い物を通じて解決していこうとするフェアトレード運動が盛んです。生産者に正当な対価を支払って商品を販売するフェアトレードの考えは、1960年代アメリカに始まり、その後イギリスやヨーロッパ諸国に広がり最近は日本でも浸透してきました。

私は、学生時代にケニアとタンザニアを訪れ、そこで目にしたストリートチルドレンを救いたいという思いを抱き続けてきました。子供を救うためには親の安定した収入が必要であり、生産者と対等なビジネス関係を築くことが結果的に生産者の経済的自立につながっていくという考えに共感したものの、当時は自分に自信がなく、フェアトレードビジネスを始められませんでした。

3人の子育てに追われる日々が一段落したころ、子育ての合間を利用して働く方法を探し始めました。色々と調べる中で、フェアトレードカンパニーの創設者であるサフィア・ミニー氏の著書と出会い、子育てをしながらでも社会起業した彼女から勇気をもらい、長年温めていた「途上国の子供を救いたい」という想いが再燃したため、フェアトレードビジネスを始めることにしました。
スタートして 1 年ほどたったころ、タンザニアの手編みかごの取引が始まりました。
NPO 法人「WomenCraft」はタンザニアで設立されましたが、もとは国連難民高等弁務官事務所（UNHCR）の試験プロジェクトとして事業が始まり、国際フェアトレード機関（WFTO）の認証も得ている信頼性のある団体です。その上、タンザニア・ルワンダ・ブルンジの 3 ヶ国の国境付近の村で活動しているために各国の伝統文化が混ざり合い、今までにないデザインが生み出されています。例えば、柄を表現するために布を編みこむ技法は、このかご独自のもので他に類を見ません。

品質がよく、デザインも独特で、しかも日本初上陸である付加価値の高いこのかごの存在を日本全国の方に知らせ、現地の生産者により高い利益を還元することを目的として、今回の展示会を開催することにしました。

私は、ストリートで生活したり、ご飯が食べられなかったり、学校へ行けないような不遇の中にいる子供たちを一人でも多く救いたいと考えています。

大変お忙しいかとは存じますが、この件につきまして会期中にご取材いただき、報道のお力で多くの方に私の活動について知らせていただければ幸いです。

何とぞよろしくお願いいたします。

展示会の概要は以下の通りとなっております。

【会期】開催中：2015 年 10 月 4 日（日）まで
12:00〜20:00
【会場】Mametra（マメトラ）
〒206-0011 東京都多摩市関戸 4-34-15
＊入場無料＊
【Tel】042-355-3699
【会場 HP】http://mametrauk.jimdo.com

【連絡先】Kicheko(キチェコ)／代表　星智子《ほしともこ》／〒206-0034 東京都多摩市鶴牧 [redacted]
(Tel)[redacted]／(Web Shop)http:// kicheko.net
(mail) [redacted]
(FB)https://www.facebook.com/Kicheko.AfricFairTrade

解説

フェアトレードという途上国と先進国の経済格差を解決する取り組みに関する展示会のお知らせです。社会性のある活動ですし、東アフリカという日本では馴染みの薄い地域なだけに、独自性、ユニークさも感じさせられます。

しかも星さんご自身が、ケニアとタンザニアを訪問した経験をお持ちです。これは強みです。**実際に現地で活動している**という行動は、きれいごとではなく本気で現地の人々の力になりたい、という思いで活動していることの証拠となり、メディアの人たちに響きやすいのです。

今回の事例では、星さんがあるメディアの方にお届けしたものを紹介しています。「お久しぶりです」といったくだりの序盤を読んでいただくとわかるように、個別の「その方」に宛てた書き方になっています。このような書き方だと、当然受け取ったメディアの人は「自分に向けて書いてくれているんだ」とうれしくなります。中盤以降は、各社同じ書き方だとわかっていても、メディア側の人の心象は全然違ってきます。

タイトルの「東アフリカの子どもたちを救いたい」はシンプルでわかりやすい表現で、好感が持てます。タイトル&サブタイトルで「何（だれ）のために、何をやるのか？」が一瞬で理解できます。多くのプレスリリースでは、「何（だれ）のために、何をやるのか？」がわかりません。「何（だれ）のために」という、その活動の意義がわからないケースがとても多いです。中には「何をやる？」までもわからないものがあります。タイトル&サブタイトルは、決して専門用語を使わず、小学6年生でも理解できるようなシンプルでわかりやすい表現にしてください。

今回の展示会のようなイベントをマスコミにお知らせする際は、ぜひ写真を添えましょう。タンザニアの手編みかごとはどういうものか？　どんなに言葉を尽くすよりも、写真で一目見せた方が一瞬で伝わるからです。

また、**大事なのはモノだけの写真ではなく、「人」を入れること**です。モノだけでは、ひと気が感じられず、何となく冷たい印象になってしまいます。特に想いを伝えるお手紙で、ひと気が感じられないのはもったいないのです。手紙の執筆者の星さんご自身、あるいは現地の生産者の写真を盛り込み、ひと気のある雰囲気を出してください。特にこのリリースの本質は、人が人を救いたい想いです。単にモノの存在を伝えるリリースではないです。

また、日時・場所のあるイベントのお知らせの場合、**「日時・場所」といったイベント概要を枠で囲む**などして、一目でわかるように示してください。いつ？どこで？やっているかがすぐわかると、記者は足を運ぶことを検討し始めます。

文章の最後には、締めに「事前の告知ならびに開催期間中ご取材をいただき…」という文言を入れています。開催の様子はもちろん、告知記事での紹介をお願いしているのです。記者は取材に現場まで出かけることは、そう頻繁にはできません。しかし、告知記事なら足を運ばずに10分程度で書けます。イベントの趣旨に少しでも共感してもらえたら、「足は運べないけど、告知記事で応援しようかな」と思ってもらいやすくなります。

第7章

メディア掲載実績を武器に、取材の連鎖を図る

成否にかかわらず、お手紙プレスリリースは送り続けることが大切

プレスリリースは、コツコツ続けることです。成功してもしなくても、続けることが大事なのです。「一度送ったけど、ダメだったよ」と、すぐ諦める方がいます。非常にもったいないのです。

以前プレスリリースを送った際、取材はしなかったけれども、そのリリースを覚えている記者は少なくありません。取材しなくても、とりあえず様子を見ているということはよくあります。良い活動をしていても、プレスリリース一回きりでその後、音沙汰がないと、記者は「本気の活動ではなかったんだな、取材しなくてよかった」と思います。しかし逆に、継続的にプレスリリースが送られてくると、「この会社（この人）は、頑張っているな。一度話を聞いてみようか」という段階がやってきます。

もしテレビ・新聞の他社が記事にしていたとしたら、記者はなおさら気になります。それがいいネタであればなおさらです。記者心理としては、自分の受け持ちのエリアで、自

社が取り上げていない記事が他社に載ることは面白くないのです。横並び業界ですので、他社の紙面は毎日チェックしています。記者はあなたが思っている以上に、ライバル社の動向に敏感なのです。

他社が扱って、「取材しようか、どうしようか」と迷っている記者のもとに、新しいプレスリリースが届いたら、「渡りに船」になります。その記者にとって、取材に着手する良いきっかけになるのです。

このように、プレスリリースをコツコツ続けることで、**記者からの信頼性が高まるということに加え、取材を迷っている記者の背中を押す一撃にもなりうる効果が期待できます。**繰り返しますが、プレスリリースは続けることが大事なのです。

取材してくれた記者との関係を深めるには？

せっかく一度、取材を受けたにもかかわらず、記者との関係をその一度きりで終わっているケースが非常に多く見られます。これはものすごくもったいないのです。

ご商売や営業の仕事をやられている方はよくおわかりだと思いますが、新規のお客さまを獲得するのはなかなか骨が折れます。ですが一方で、すでにお客様になっていただいている方からもう一度お買い上げいただくことは、新規の獲得よりもはるかに簡単です。

それと同じことです。マスコミ記者は、**知らない人を取材するよりも、すでに知っている人を取材する方が、はるかに心理的な抵抗が少ない**です。なぜなら、マスコミ記者の心の中には「変な人をテレビや新聞では扱えない」という恐れがあります。もし万一、新聞やテレビで取り上げて多くの人に知らせた人物や会社について、後々にとんでもない悪事が明らかになった場合、大きな責任を問われるからです。

その点、一度でも取材・掲載して、何も問題がなかった人や会社であるのなら、「また取り上げても大丈夫」という安心感があります。

僕もそうでしたが、記者の仕事は取材相手のアポを取るまでが大変です。本人とコンタクトを取って取材の許可を得て、日時を決めるという作業はなかなかすんなりといかず、手間がかかるのです。ですが、一度取材した人であれば、きっと携帯電話の番号やメールアドレスをやりとりしているはずですので、電話一本あるいは直通メールですぐアポが取れるのです。

「そんなこと言っても、うちは一度取材されてもその後、取材はなかったよ」と、あなたはおっしゃるかもしれません。それは、あなたが記者との連絡を途絶させてしまったからです。

取材・掲載されたら、まず「お礼」の気持ちを伝えることです。そして**「記事の感想」「その反響」**も添えてください。「記事にしてもらえてうれしい」という気持ちを伝えておくことです。これはとても基本的なことなのですが、これすらやっていない方が非常に多いです。

記者は、あなたが思っている以上に不安を抱いています。「自分の記事は、あれでよかっただろうか、事実関係の誤りはなかっただろうか?」と、記事を書くたびに密かに思っています。記者が恐れるのは「記事の誤り」です。そして、明らかな誤りではなくても、「相手の気持ちを十分、記事で汲みとれただろうか?」というふうにも考えます。表向きは「俺の記事は正しいんだ、何か文句あるか」というような顔をしていても、外部から記事に対する指摘が来ると、ドキッとするのです。

このように密かに恐れを抱いているため、記事・番組が出た後に、**取材したあなたから何のリアクションもなかった場合、「自分の原稿に落ち度があったのではないか？」という引け目を感じる可能性があります。**あなたは信じられないかもしれませんが、記者の心理とはそういうものなのです。

なので、記者としては記事が出た後に、取材相手から「良い記事でしたね、ありがとうございました」と言っていただけたら、ホッとすると同時に、とてもうれしい気持ちになります。ミスがなかったという安堵と、自分の仕事が認められたという労働の根源的な喜びです。

ですので、一度取材・掲載していただいたら、「ありがとうございました！」「素晴らしい記事でしたね！」と伝えることです。すると、その記者は確実にあなたに好意を抱くようになります。記者は褒められれば褒められるほど喜ぶので、少しオーバーでもいいくらいです。

さて、取材・掲載の直後にこのようなコミュニケーションを取っておくことが第一段階です。次の段階に進みます。それからしばらく時間が経ってからのコミュニケーションです。

プレスリリースを送るほどの催しやイベント、商品発表があれば、もちろんそれをその記者宛てにお知らせします。メールでもいいですし、郵送でもいいでしょう。いずれにしても、その記者個人に対する、気遣いを示すことです。

まず、「先日はありがとうございました」と**改めて、前回の取材のお礼を伝えます。**それから、「おかげさまで、……と順調に進んでおります」などと、**その記者の記事・番組で取り上げてもらった反響、その後の動きを伝えます。**記者は、自分の仕事が実際にどのようなインパクトを世の中に与えたか?を知ることに、大きな喜びを感じるからです。このような話を伝えた後で、今回お知らせしたいプレスリリースの内容を伝えるのです。

もし仮に、そのような前回の記事に対する言及がなかったら、記者はどう思うでしょう?「この人は、前回の取材を快く思っていないのかな?」と不安になるでしょう。あるいは「せっかく記事にしたのに、うれしくないんだな。もう取材しないほうが良さそうだな」と考えます。

そして、前回のお礼もなしに新しいプレスリリースで取材を求められると、「どうせ、このプレスリリースは各社みんなにばらまいているものでしょ？　うちが取材しなくてもいいや」となってしまいます。

せっかく記者と実際に顔を合わせる機会を持ったのなら、その記者とのご縁を大事にしてください。人間なので、相性に向き不向きはあるでしょう。よほど「この人は自分に合わない…」と感じる人とは、無理に仲良くなろうとする必要はもちろんありません。昔の記者には、アクの強い自分勝手な記者がたまにいて、いく先々でトラブルを起こすケースもあったようです。でも今はネット社会です。記者の問題ある振る舞いはすぐネットで拡散され、炎上しますので、多くの記者は自らを律しています。さらには、最近の若い記者は礼儀正しく、真面目な記者が多いです。彼らと心でつながる交流をしていただきたいのです。

さて、それでは一回取材を受けた後、しばらくお知らせするようなプレスリリースがない場合はどうするか？　この間のコミュニケーションが極めて大事です。

あなたは、取材してもらいたいネタがある時だけ、記者に連絡すればいいと考えていませんか？　そうではないのです。むしろそういう人を記者はあまり好みません。

あなたの周りにもいませんか？　自分に都合の良い時だけ、頼み事をしてくる人です。しばらく音信不通で、久しぶりに連絡してきたと思ったら、怪しげなセミナーに誘ってきたり、「お金貸して」などと言ってきたりする人。そういう人の要望に、あなたは進んで応えたいと考えますか？　それと同じことです。


ではどうするか。**「日頃から相手に貢献する姿勢を示す」**ということです。あなたも、記者にどういう貢献ができるか?考えてみてください。そんなに難しく考える必要はありません。些細なことでいいのです。

僕は新聞記者時代、人と良い関係を築くために、「相手に貢献する」ことをいつも考えていました。ほんの些細な積み重ねです。相手が議員であれば、「この議員はこういう情報が欲しいのでは?」と想像し、自分の知っていることを教えました。相手が甘いもの好きなら、ポケットからキャラメルを取り出し、差し出したりしました。何にもあげられるものがない時は、笑顔で挨拶しました。笑顔で挨拶、それだけでも相手にとってはうれしいのです。そうした小さな貢献を重ねていくうちに、人間関係ができていきます。

まずは**「忘れられない」ということが大事**です。その意味では、たまに「お元気ですか」とメールするくらいでもいいでしょう。ちょっとした気配りを示すだけでいいんです。

記者は日々のニュースを追いかけるとともに、特定のテーマについての企画の記事・番組を手がけます。その際、テーマに沿った取材対象をリストアップしていきます。仮にあなたが学習塾の講師だったとします。そして記者が教育問題に関する企画を考えていたとします。記者がよくあなたのことを覚えていれば、取材対象者のリストアップの段階で、「あ、○○さんに登場してもらおう」と考えます。どんな記者も間違いなく、最初は知っている人の中から人選を行います。そしてどうしても知り合いの範囲で賄えない時に、ネットなどで検索して、信頼できそうな新しい人を見つけるのです。

もっと記者との関係を深めていきたいのなら、接触頻度を高めることです。相手の前に何度も顔を出し、自分のことを意識に上らせるのです。すると、忘れられないのはもちろんですが、人間とは不思議なもので、頻繁に顔を合わせている人に対して、自然と好意を抱くようになっていきます。

ベストなのは、実際にマスコミ記者の前に足を運んで、顔を合わせることです。そこまでいかなくても、メールや手紙でいいので、折に触れて記者に近況を知らせるといいでしょう。

また、その方が関わった記事や番組を見て、「あの記事読みましたよ、よかったですね」「番組見ましたよ、面白かったです」というように、いち読者・視聴者として、その方の作品を見守っているとなおいいですね。なぜなら、メディア関係者とは結局はクリエイター・表現者であり、自分の手がけた「作品」を認めてもらえることに、無上の喜びを感じるのです。

つまり、自分を売り込むのではありません。**ただ相手に関心を向けておく。褒めたり役に立つ情報提供をしたりして、相手が喜ぶことをするだけ。**すると、仕事で企画を考えている時に、ふっとこちらのことを思い出してくれて、「ちょっと出てもらえませんか？」と、声がかかるようになります。相手を好きになれば、確実に相手もあなたのことを好きになってくれます。

取材の連鎖を呼びやすいメディアはどこか？

あなたがいくつものメディアから連続して取材を受けることを狙うのなら、**まず新聞から取材・掲載されることを目指してください。**それにはいくつか理由があります。

ひとつは、**他のメディアからの注目度**です。テレビ局を含め、多くのメディア関係者は、新聞からネタ探しをしています。なぜなら、新聞社はテレビ局などあらゆるメディアよりも圧倒的に現場で取材する記者の数が多く、情報収集力では抜きん出ているからです。特に地元紙は、地域に密着した細かなネタも拾い上げて掲載しています。１つの県でみると、地元テレビ局の記者は1社当たり数人しかいません。ですが、全国紙の新聞記者は1社あたり10人ほど。地元紙であれば１００人規模で記者がいます。この差は明らかです。

そして、新聞は流れてしまって形の残らないテレビやラジオの放送とは違って、**「紙」という形で残ります。**これは大きなメリットです。保存されやすく、数か月後に記事に対するリアクションが起きたりすることもあるほどです。テレビは見ている人に強いインパクトを与え、放送直後はお客さんが大幅に増えるなどの効果はありますが、その効果は長く続きません。

さらには、**新聞には高い信頼性があります。**ほとんどの新聞記者は、取材の裏付けを取る作業をきちんと叩き込まれているほか、社として組織的なチェック体制が整っていることもあり、他のメディアからも「新聞に載っていることなら間違いないだろう」とおおむね受け止められます。どんなメディアでも「間違う」ことを非常に嫌う点は共通しています。その点、新聞に載ってしまえば、他のメディアの取材ハードルはぐっと引き下げられます。

これは、新聞社同士についても同じことが言えます。ほとんどの新聞社の記事はデータベースに保存されており、誰でも利用できる民間サービスがあります（有料です）。記者は、この記事データベースを頻繁に利用しています。

記者は、初めて取材する相手の場合、その社名や個人名をネット検索で調べます。そしてさらに、自分の会社の記事データベースで検索します。過去に社内の別の記者が書いた記事があればすぐにわかり、それを参考にします。ここまではほとんどの記者がやると思います。

そして、ここまでの段階で満足できる情報が得られなかった場合、他社の記事データベースでも検索することになります。これで、何年の何月何日、どの面でどんな記事で取り上げられたか？がわかります。記者の心理としては、たとえ他社であっても、新聞に載ったことのある人物（会社）には安心感を覚えるのです。

新聞からの取材・掲載をおすすめする理由としては、そもそも「**載りやすい**」ということもあります。それは、掲載されるワクが広いということです。考えてもみてください。1つの新聞でも毎朝、字がぎっしり詰め込まれた30ページ超が発行されているのです。しかも新聞によっては夕刊も発行。これが全国紙なら5社（朝日、毎日、読売、産経、日経）、地方紙を含めれば100社近くに上ります。新聞に載るのは難しい、というのは思い込みです。ぜひ新聞に適切な情報提供をしていただき、取材を受けてみてください。

取材実績は、マスコミにアピールすべきか？

プレスリリースを送ろうとしている方から、たまに聞かれる質問に「前に○○新聞から取材・掲載されました、と伝えると効果的ですか？」というものがあります。これは一見、効果がありそうですが、**やめておいたほうが無難**です。

なぜか？　**記者は、他のマスコミがすでに取り上げたことを、追いかけるようにして取材・掲載することを嫌う**からです。記者としてのプライドがあるのです。

「あれ？でもさっき、他社に載っていると安心して記事にすると書いていたよね？」と思われることでしょう。おっしゃる通り、これは一見矛盾していますね。ですが、きちんと違いがあります。それは、記者が自発的にあなたのことを見つけたどうか？の違いです。

「あなたのことを取材しよう」と決めた後で、あなたの信頼性を確認したい時に、他の新聞やテレビでも取り上げられたことがわかれば、安心します。

ですが、あなたを最初に知った段階で、「他のメディアでも出てますよ」という知らされ方をすると、「それじゃ、うちではやりたくないな」という、天邪鬼（あまのじゃく）な考え方をするのです。

このように、マスコミ記者に対しては、マスコミ実績をあえて前面に出す必要はないのですが、もちろん隠す必要もありません。**取材をされた時に、「他社から取材を受けたことは？」と聞かれたら、正直に答えればいい**のです。

この「マスコミ取材実績」は、一般の方向けには効果を発揮します。ブログやホームページで、わかりやすい場所に示しておくと、お客様や取引先からの信頼性を大きく高める効果があります。こうした自社メディアにおいては、マスコミ取材実績は、むしろ積極的にアピールしたいところです。

【お手紙プレスリリース実例6】

日本人に増加する「スマホによるねこ背」を10秒で解消する体験講座を11月8日に開催します

初めまして、私は北海道札幌在住の清水真と申します。一般社団法人姿勢道普及協会理事長として全国の自治体、学校、企業で講演の活動をしています。記者さんにおかれましては、日々の報道活動にお骨折りいただき、一市民としてとても感謝しております。

このたび、全国でねこ背を解消する体操を広める活動を始めることにしましたので、お知らせをさせていただきます。

現在、日本ではすべての世代で、慢性的な運動不足が深刻になっております。1週間に2時間以上の運動をしている人の割合が全体の38%という現状があります。

その結果、メタボリックシンドローム、ロコモティブシンドローム、サルコペニア肥満という筋肉、関節が衰えて病気を引き起こす症状が社会問題になっております。そして運動時間の激減は体を支える筋力低下を生み、やがてねこ背やO脚など姿勢が悪い人が大変増えております。さらに生活習慣の変化によりスマートフォンやデスクワークの時間が増えたために、子どもから大人まで姿勢病が起こりやすくなりました。

私は、日本人に蔓延する姿勢病を改善したい、と考えました。そこで、今回悪い姿勢を10秒で良くする体操を広める事を始めることを決断しました。

私は、整体師、プロスポーツトレーナーとして13万人以上のカラダを指導調整の経験をしました。また栄養運動指導士として全国で講演をしてきたという過去があります。今から5年前に早稲田大学で「姿勢と健康」の講座を受講して、その後「姿勢教育指導士」の資格を習得いたしました。その講座で教わった様々なねこ背解消法（正しい座り方、体操ストレッチ等）を自ら実践したところ、姿勢が良くなり、身長が伸びて、視力が良くなりました。

私は自らの体験をまとめ、それを「背伸ばし体操」というメソッドとして、多くの方に指導教育してきました。

姿勢は単に見た目の問題だけでなく、精神的悪影響。肉体的悪影響を及ぼします。私は、姿勢病で悩む方を、一人でも多く救いたいと考えています。

この催しは、11月８日大分パークプレイスで開催します。

大変お忙しいかとは存じますが、この件につきましてご取材いただき、報道のお力で多くの方に知らせていただければ幸いです。

何とぞよろしくお願いいたします。

一般社団法人姿勢道普及協会
住　所　〒０６１－２２８３　札幌市南区藤野３条11丁目10番30号
電話番号　０１１－３００－２３７７

一般社団法人姿勢道普及協会　　　　　　　　　　　　2015・11・5

日本人に増加する「スマホによるねこ背」を 10秒で解決する体操講座を11月8日に大分で開きます。

初めまして、私は北海道札幌在住の清水真と申します。一般社団法人姿勢道普及協会理事長として全国の自治体、学校、企業で講演の活動をしています。日々の報道活動にお骨折りいただき、一市民としてとても感謝しております。 このたび、全国でねこ背を解消する体操を広める活動を始めることにしましたので、お知らせをさせていただきます。現在、日本では全ての世代で、慢性的な運動不足が深刻になっております。一週間に2時間以上の運動をしている人の割合が全体の38%という現状があります。その結果、メタボリックシンドローム、ロコモティブシンドローム、サルコペニア肥満という筋肉、関節が衰えて病気を引き起こす症状が社会問題になっております。そして運動時間の激減は体を支える筋力低下を生み、やがてねこ背やO脚など姿勢が悪い人が大変増えております。さらに生活習慣の変化によりスマートフォンやデスクワークの時間が増えたために、子供から大人まで姿勢病が起こりやすくなりました。私は、日本人に蔓延する姿勢病を改善したい、と考えました。そこで、今回**悪い姿勢を10秒で良くする体操**を広める事を始めることを決断しました。 私は、整体師、プロスポーツトレーナーとして13万人以上のカラダを指導調整の経験をしました。また栄養運動指導士として全国で講演をしてきたという過去があります。今から5年前に早稲田大学で「姿勢と健康」の講座を受講して、その後「姿勢教育指導士」の資格を習得いたしました。その講座で教わった様々なねこ背解消法（正しい座り方、体操ストレッチ等）を自ら実践したところ、**姿勢が良くなり、身長が伸びて、視力が良くなりました。**私は自らの体験をまとめ、それを**「背伸ばし体操」**というメソッドとして、多くの方に指導教育してきました。姿勢は単に見た目の問題だけでなく、精神的悪影響。肉体的悪影響を及ぼします。私は、姿勢病で悩む方を、一人でも多く救いたいと考えています。11月8日大分で講座を初めて開催します。 大変お忙しいかとは存じますが、この件につきましてご取材いただき、報道のお力で多くの方に知らせていただければ幸いです。何とぞよろしくお願いいたします。

一般社団法人姿勢道普及協会
～2014年設立　全国の自治体や行政（健康推進課・教育委員会・体育協会等）学校（大学・小中高校）企業（サービス業・研修講師）サークル・カルチャーセンターで「正しい姿勢がココロとカラダに良い影響が有る事」を講習する。ねこ背を良くする体操を指導する。　理事長　清水　真

スマホやパソコンで下向きがちに
猫背から肩こり、腰痛も
ストレッチで「リセット」

【ねこ背を10秒でスッキリさせる！背伸ばし体操】講座
2015年11月8日（日）10時半～大分パークプレイス
受講料金：3348円
動きやすい服装・バスタオル・筆記用具
場所：大分市公園通り西2丁目1番パークプレイス大分
ガーデンウォーク3階シャングリラ内
申込☎☐097-528-7620
主催：JEUGIAカルチャーセンターパークプレイス大分
講師：清水　真（JSCAマスターインストラクター）
子供から高齢者までどなたでも参加可能

一般社団法人　姿勢道普及協会　連絡先
〒061-2283　札幌市南区藤野3条11丁目10番30　☎☐011-300-2377　メール：sisei2013@gmail.com　ホームページ：http://www.senobashi.com

解説

九州のテレビ各局から取材していただくことに成功した、素晴らしいプレスリリースです。

清水さんは、坂本のもとに来られた時点で、すでに数多くのメディアで紹介された実績をお持ちでした。ご自身の打ち出し方がとても上手な印象で、全国で講演などのご活動をされています。

清水さんはテレビの取材を受けることを特に目指しておられました。テレビに取り上げられるかは、最初は「確率論」なところがあります。手数を繰り出していくことで、その確率は高められます。そして、一度取材を受けて、メディアの人と知り合いになる。お友達になってしまう。そうなると強いです。

マスコミから取材されることは、ビジネスと同じで、リピートしてもらう方が新規獲得よりも、はるかに楽です。その点、清水さんはメディア関係者といくつもご縁ができていますので、これを大事に育まれることで、ますますの飛躍につなげられます。

とはいえ、今回は九州各地で開催するイベントのお知らせであり、初めてアプローチするメディアでした。

幸い、健康ネタについては、テレビ情報番組で関心は高いです。そして清水さんは、既に多数の番組などでの出演実績があるので、テレビの人にとってはある程度安心して取り上げやすいアドバンテージもあります。

ただ、このプレスリリースの元のタイトルは

> 正しい姿勢がココロとカラダを元気にする事を全国で指導する。
> 姿勢は生活習慣のクセ！　ねこ背を10秒で解消する体操を開発。

でした。しかし、これではとらえどころがなく、取材獲得は難しいとの印象を受けました。それで、タイトルを変えていただきました。中身はほとんど変わっていません。

タイトルが違うだけで、取材される可能性は天と地ほどに変わってきます。タイトルは、何度も繰り返しますが、超重要です。網羅的に何でも盛り込むよりも、絞った書き方にす

ることが大事です。ワンリリース、ワンテーマが鉄則です。網羅的な書き方にすると、抽象的になって焦点がぼやけてしまい、残念ながら印象に残りません。

「いろんな要素を盛り込めば、どれかに関心を持ってもらえるのではないか」と考える気持ちもわからないではありません。が、プレスリリースでそれをやると、すぐゴミ箱に捨てられます。一回で全要素を盛り込んで勝負をかけよう、としないことです。

清水さんは、たくさんの要素をお持ちです。その要素を細かく具体的に切り出して手数を出していく方が賢いのです。

例えば、「スマホによるねこ背」の解消のほかに、いくつもの切り口が考えられます。

- 37歳から3年で身長が7センチ伸びた！　背伸ばし体操講座を開催します
- 日本人の運動不足を解消……
- 日本人の心の病……

理想としては、タイトルで「どういう人に、どういうメリット（どうなる）？」を伝えるのです。この「誰がどうなる？」があれば、読み手の記者にとって、そのリリースの意義がとても伝わりやすくなります。

多くのプレスリリースでは、「どういう人？」という視点が欠けています。単に「（商品名）を発表します」というタイトルは論外として、「ふわふわオムレツが作れる」など、どうなる、ばかり強調しているのです。これでは、その商品・サービスで、どういう人が救われるのか？がわからない。なので、イメージがわかないため、プレスリリースの本文を読む気にならず、当然取材もされないのです。

マスコミに伝える「どういう人のためのものか？」には、社会的な視点が欠かせません。〝今〟の社会で起きている問題を解決したい。これがマスコミの視点です。

その点で、このプレスリリースがタイトルで示した「スマホによるねこ背」は、今の時代を実に象徴しているひとつの現象で、時代性をとても感じさせることができます。さらには、スマホ中毒によって健康を害している人を助けることができる、という点で、大いに社会貢献性があります。

清水さんは、心と体を元気にする方法をいくつもご存知です。が、「どんな不調も良くなりますよ」という打ち出しではなく、スマホによるねこ背に絞ったことで、ニュース性を感じてもらうことができ、最初の関心を引き付けることに成功したはずです。

そして、本文まで読み進めてもらえ、清水さんの活動の社会的な価値と、仕事にかける想いを知っていただくことができ、良い結果につながったと思います。

清水さんはこんなメールをくださりました。

坂本宗之祐様

いつもためになる情報を頂き、誠にありがとうございます。

おかげ様で坂本さんに指導頂きましたプレスリリースにより、
東海テレビ、福岡朝日放送、福岡放送、熊本テレビから取材されました。ありがとうございます。
ある程度どのようにすれば、取材されるかわかってきましたので
これを継続して参ります。

坂本様にもお話していましたが、以前からブランディング会社や
プレスリリースの専門家と呼ばれる方とお仕事をしてきました。
しかし、このような結果を出せるツールに巡り会えたのは、坂本さんが初めてです。

過去に発信したプレスリリースを見比べてみると、文章の構成。
特に、こちらの【想い】（何のために……）を上手に伝える点が
欠けているのがわかりました。
これはセミナーの中で坂本様がお話しされていた、
メディア（記者）側の心情を考えた時に、公共性、社会性のあるメッセージでないと読んで頂ける相手に響かないという事に、気づかされました。

これは元記者である坂本様ならではの視点です。
私が今までリリースした情報は、こちらの宣伝志向が強く
【なぜ、この情報を世間の人に知って頂きたいのか……？】が
欠けていた事に気づきました。

タイトルは興味を引くものである事はもちろん重要です。
（こちらの事を、うまく伝える工夫が必要）
しかし、プレスリリースの中身は、坂本様から頂いた、
いきさつ・ストーリー・想い（理念）が相手に取材してみたいと思わせる内容になっていたからだと思います。

今回取材して頂いたテレビ局担当者は、
取材当日プレスリリースのＦＡＸを持参し
そこに大量の○や線引き、書き込みがされておりました。
それを見て、たぶんテレビ的に放送したいと思わせるキーワードが、そこにちりばめられていたのだと、確信が持てました。

坂本さんのフォーマットを元に、今度は行政等のプレゼン資料にも応用してみようと考えております。

第８章

ブログを作って発信する

取材獲得にますます重要性を増すブログの役割

最後に、ブログづくりについても触れておきます。取材を受けたい方は、ぜひブログを持っておくことをお勧めします。あなたが日々何をして、どういうことを考えているか？　この継続的なストックがあると、あなたを初めて知った記者にも、あなたのことを深く知ってもらうことができます。そして過去からの積み重ねを見える形にしておくことで、あなたに対する信頼感を高める効果もあります。その積み重ねの質と量が伴うほど、あなたの仕事や活動に対する熱意の証明となるのです。

大きいのは、**検索エンジン経由の取材獲得**です。最近の記者は、ネタの収集に検索エンジンを多用しています。ブログは多くの記事が蓄積されていくほど、検索エンジンでヒットしやすくなります。何もしなくても、勝手にマスコミの方から取材に来てもらえればそれに越したことはありません。

このように、ブログには大きなメリットがあります。特に、心を伝えるお手紙作戦で取材を目指すのなら、なおさら個人の顔が見えるブログは持っておきたいです。ただ、やみくもにブログに記事を書いていくだけでは、記者のお眼鏡にかないません。取材が来るブログづくりについて、これから順を追って説明します。

なお、ブログは初心者でも無料ですぐ始められるサービスを各社が提供しています。有名なものではアメーバブログ、ライブドアブログなどです。最初はこれで十分ですし、もちろん独自ドメインのブログをやってもいいでしょう。

タイトルで心を掴め！　あなたの一番の強みは何？

ブログを作るに当たって、最初に考えるべきはこのタイトル・コンセプトづくりです。これは、家でいえば大黒柱です。これがしっかりしていないとブログ全体がガタガタになってしまいます。最も時間をかけて考えてください。

コンセプトとタイトルは表裏一体です。コンセプトとは一言で言えば、「**どんな人に、**

どうお役に立つのか?」です。あなたの仕事・活動は、どんな人がどうなることを実現しようとしているのでしょうか?

それをタイトルで端的に表現し、あなたのブログに初めて来た人に「**あなたは何者か?どんな価値を世の中に提供できる人か?**」を明快に伝えきりたいのです。

ここがずれてしまうと、なかなか人に理解してもらえず、悲惨なことになります。せっかく素晴らしい強みやニュース性を持っているのに、埋もれてしまっている方は、タイトルとコンセプトの打ち出し方に問題があるのです。「いやいや、伝える部分はそこじゃないでしょう!」というケースを、僕は数えきれないほど目にしてきました。

日本人では知らない人がいないであろう野球選手のイチローを例にとります。仮に、彼を全く知らない人に、イチローがこう自己紹介したらどうでしょうか?「僕は野球が得意な日本人です」。確かに間違いではありませんね。ですが、これで彼のすごさが伝わるでしょうか? これは極端な例ですが、このような非常にもったいない表現をしている方が多いのです。

「野球が得意な日本人」のように、その他大勢の一人としか受け止められない表現ではなく、できれば他にはないインパクトを与えたいところです。

例を挙げます。「におい刑事」と名乗る、消臭に関する会社を経営する方がいます。テレビなどで取り上げられ、これは非常にうまい打ち出し方だな、と感心したものです。単なる消臭作業を請け負う会社という表現だったら、興味を示すメディアはなかったでしょう。「臭いを突き止める」という使命感と、特異性を感じさせるコンセプトは秀逸です。

あるいは、「きたなうまい中華料理店」というキャッチコピーもあります。これもインパクト十分で、一度聞いたら忘れません。

ブログは、つかみが大切です。「他にはないもの」がニュースの基本的な考え方ですので、他との違いを意図的に打ち出していただきたいのです。なぜなら、人間は「第一印象」で、人のことを判断してしまう生き物だからです。これは記者でも同じです。最初に「野球の得意な日本人」だと聞いてしまったら、その後、本当のイチローの価値を理解してもらうまで、多大な苦労を必要としてしまいます。

もちろん、無理に面白おかしい強烈なインパクトを出そうとする必要もありません。要は少しでもいいので、**よそとは違うオリジナリティを表現する**ことです。

例えば、食と健康の活動をしている方は、次のようなものが考えられます。

・健やかな家族を育むママのためのローフードレシピ

これは誰にどう役に立つのか?が明確です。「家族持ちのママ」が、「家族を健康にする」ローフードレシピを伝えていることがわかります。おしゃれな女性のスタイルとして流布されている既存のローフードとは差別化できているのです。

また、女性の起業支援をしている方のブログに、次のようなものがあります。

・自宅サロン・教室からテナントへ!　あなたのお店を持つ方法

これも、どういう人(自宅サロンや教室を経営している人)が、どうなる(テナントのお店を持てるくらい発展する)が、一瞬でわかります。

コンセプトづくりにおいて大事なのは、ターゲットをある程度絞り込んで「具体的に書く」ということです。多いのは、「どんな人に、どうお役に立つのか?」のうち「どんな人」がすっぽり抜け落ちているケースです。あるいは、「どう役に立つ？」の部分も、漠然とした書き方になっていることもよくあります。

先ほどの例で言えば

・健康になるレシピ

このような、「健康になる」「幸せになる」「元気になる」という表現はよく使われています。ニーズがある情報であることは間違いないのですが、抽象的で、読み手はなかなかイメージがわきません。

・起業を成功させる方法

これも抽象的で、読み手に刺さりにくいものです。起業の成功法、というテーマは世の中にありふれていて、埋没してしまいます。これだけでは、取材したくなるようなあなたの独自性が感じられないのです。

このように、ブログのコンセプトを明確に研ぎ澄ましていってください。そうしていくことで自然とそれがタイトルとなっていきます。

タイトルはプレスリリースのタイトル同様、「誰に？どんなメリット？」がわかるタイトルが理想的です。

タイトル表現の着眼点は2つあります。

①記者がそのタイトルを一目見て、どういう情報を扱っているのか理解できるか？

②記者が取材対象を検索エンジンで探す際、見つけられやすいワードが盛り込まれているか？

順に説明していきます。まず①です。

世の中には数多くのブログが存在します。個人が日記的にあるいは備忘録として書いているものなら自分だけがわかればいいのですが、他人に読んでもらうことを想定したブログであるなら、「どういう情報を扱うブログなのか？」をタイトル1つで瞬間的に理解してもらえるものにしておく必要があります。

なぜ「瞬間的に理解」されないといけないのか？　あなたもインターネットを利用されていると思いますが、ネットサーフィンをしていて、ページを開いた瞬間に意味がわからないサイトが表示されると、数秒でそこから立ち去るはずです。意味がわからないサイトを、一から理解しようと読み始めてくれるような奇特な人は世の中に存在しないのです。

タイトルは、「読んで」理解できるということが最低条件です。できれば読まずに「見た瞬間」に理解できるものが理想です。文字数としては、13文字程度までなら、人間は見て理解できるそうです。

あなたは「日本語のプロの記者なら難しい言葉も理解してくれるはず」と思うかもしれません。しかし、プレスリリースを見る時も同じですが、ネットでブログを見る時も、頭はフル回転させていません。「自分のアンテナにひっかかるかどうか」だけです。それにはまず意味を理解してもらわなければ始まらないのです。

ですので、言葉としては**「専門用語」を決して使わず、小学6年生でも「何を書いているブログなのか」理解できる表現にしてください。**

また、欲張ってあれもこれもと様々な要素を詰め込み、読み手を説得しようとする文章のタイトルにしているケースもあります。例えば「AがBになり、Cになる！Dの方法」。こういうのもすぐ閉じられますので避けましょう。

すっと読めて、すっと頭に入ってくるタイトルが理想です。**長くてもせいぜい30文字**程度と短めに。頭でこねくり回さずに、プレーンな表現を心がけましょう。

次に、②ですが、インターネットの検索エンジンは、ブログタイトルに敏感に反応します。つまり、検索結果に表示するかどうか判断する大きな材料のひとつが「ブログタイトル」なのです。なので、記者が検索するワードがブログのタイトルに含まれると、見つけられやすくなります。

例えばひとつは「地名」です。あなたが店舗を持っていたり、地域に密着した活動をしたりしているなら、地名は必ず入れましょう。記者はよく、特定の地域名と、取材したいテーマを組み合わせて検索しています。「横浜シニア活動」などです。

リアル店舗のあるご商売なら、この地名に加えて「業種」も盛り込んでおくのが望ましいです。特に地方に行くほど、同業の数は減ってきますので、**「地名＋業種」だけでオンリーワンである可能性もあります。**そうなれば、ネット検索で一発で表示され、見つけてもらえます。

全国を商圏としたり、地域を限定しない情報発信をしたりしているのであれば、もちろん地名を入れる必要はありません。

数あるブログの中には、「田中太郎のブログ」や、「山本商店のブログ」など、個人名やお店の名前だけのタイトルのものもあります。これはおすすめできません。あなた個人やお店がすでに著名であればそれでもいいのですが、そのようなケースはまれでしょう。せっかくのブログタイトルがこれでは、検索での効果も大きく損なわれます。

コンセプトづくりに役立つツール——類語辞典、キーワードプランナー

タイトル・コンセプトを考えるに当たって、有効な方法があります。それは、**あなたに関連するキーワードを、ひたすら紙に書き出していく**のです。

例えば、元新聞記者でメディアに関するコンサルティングをやっている僕だったら、

「メディア」「テレビ」「新聞」「取材される」「プレスリリース」「パブリシティ」「ＰＲ」「広報」「マスコミ」「記者」「報道」「ニュース」「番組」……などなどが挙げられます。こうしてひたすら手と頭を動かします。最低でも50個以上は書き出してください。

この作業で使えるサイトがあります。**「類語辞典」（シソーラス）**です。

http://thesaurus.weblio.jp

この言葉しかない、と思い込んでいた言葉でも、近い意味を表現する言葉（つまり類語）が他にもいくつもあることを教えてくれる、とても興味深い辞典です。

例えば、「取材」という言葉を入れると、類語として「インタビュー」「質問」「聞き取り」「ヒアリング」などと出てきます。あるいは「トラブル」「解決」という言葉なら、ごたごた・始末という表現が出てきます。類語辞典で出てくる言葉が全部使えることはないと思いますが、大いに参考になるはずです。こうしたネット情報などを活用したりしながら、とにかく考え得るキーワードをリストアップしていってください。

そうやって頭の中が空っぽになるくらいまで書き出し終えたら、そのキーワード群を眺めながら、言葉を組み合わせていきましょう。

当たり前ですが、ブログを検索で見つけてもらいやすくするためには、検索されやすい言葉を用いる必要があります。しかし往々にして、どんな人でも自分の業界や専門分野にのめり込むほど、業界用語や専門用語を「みんな知っている言葉」だと思い込むようになります。そしてブログに専門用語を惜しげもなく投入し、その結果、業界関係者以外、誰にも読まれないという残念な結果を招いています。

あなたが使おうとしている言葉が、どれくらい世の中で「検索」されているか？　客観的にわかるツールがあります。それが**グーグルのキーワードプランナー**です。

本来は、グーグルの検索結果表示のところに出す広告サービスの利用者向けに提供されているツールです。しかし、広告を出さなくても、グーグルのアカウントを持っていてログインすれば、無料で使えます。その手順を簡単に紹介します。

①Adwordsの管理画面にログインします
https://adwords.google.co.jp
②ログイン後、「運用ツール」メニューの中の「キーワードプランナー」メニューをク

リックします

③「フレーズ、ウェブサイト、カテゴリを使用して新しいキーワードを検索」をクリックします

④調べたいキーワードを「宣伝する商品やサービス」に入力します

⑤画面下部にある「候補を取得」ボタンをクリックします

⑥表示された画面で「キーワード候補」タブをクリックします

この手順で見ていくと、指定したキーワードと関連キーワードの「月刊平均検索ボリューム」が表示されます。つまり、その言葉が1か月でどれくらい検索されているかが、数字ではっきりわかるのです。

これで客観的にあなたが使おうと考えている言葉がどれだけポピュラーなのか?を冷静に判断してください。複数の言葉を入力して調べていくことで、いろんな発見があると思います。「え!これだけしか検索している人いないの?!」などとがく然とすることもあるでしょう。そういう言葉は、一部の人しか知らない「専門用語」ですので、使用は避けるのが賢明ということです。

取材を呼ぶ、タイトル以外のポイント

ブログのコンセプト、タイトルが固まったとします。それでは、次の段階です。いくつかのポイントを示していきます。いずれも、先ほど出しまくったキーワードが生かせます。

①ブログ説明文

ここでは、タイトルに盛り込めなかった残りのキーワードを入れ込んでいきます。このブログ説明文に盛り込まれている言葉も、検索エンジンでヒットする可能性が高い場所です。検索エンジンを意識しつつ、記者が興味を持ちそうな言葉も入れておきましょう。

②プロフィール

ここも非常に重要です。このブログを書いているのは、どういう素性の人物か?をアピ

ールする場所です。記者がプレスリリースを受け取った時、まず考えるのは「これ、誰？（どんな会社？）」です。実名は必須です。できる限り顔写真も出しましょう。記者が取材するかどうか決断しやすくなります。素直に正直に、客観的な数字・データ・事実をもとに書いてください。

できれば時系列で、経歴を書いておいてください。「１９９９年、帝国物産入社」などです。その時系列に沿って、なぜ今この活動をしているか？という自分の「物語」を書いておくと効果的です。その物語に付随して、「仕事にかける思い」を書いておくとなおいいでしょう。

注意したいのは、マスコミに嫌われるような実績・プロフィールの書き方です。例えば、次のようなものです。

- ・大絶賛されている
- ・圧倒的な成果
- ・〇〇ナンバーワン　など

つまり、「根拠がない、よくわからない、誇大な表現」が山盛りなプロフィールです。

マスコミ（報道機関）は、記事にする言葉には、裏付けを取ります。裏付けを取るとは、「本当かどうか、取材して確かめる」ということです。これは面倒です。だから、裏取りの作業に追われそうな人をわざわざ取材対象には選びません。なので、**実績やプロフィールで、自らを大きく見せようという見栄は捨てましょう。客観的な事実だけを淡々と書いてください。**

そしてプロフィール欄は、検索エンジンでタイトルと並んでヒットしやすい場所です。記者からの検索エンジンでヒットしやすい言葉をひとつ紹介します。それは「**専門家**」です。マスコミ記者は、「（キーワード）×専門家」で検索をかけて、いつも様々な分野の専門家を探しています。

ですので、あなたが「この分野なら自分は専門家と名乗れる！」というジャンルがあれば、プロフィール欄に「〇〇〇〇の専門家」と盛り込んでおくといいでしょう。

検索エンジンから取材が来る！ブログ記事の執筆テクニック

ブログの記事タイトルも検索エンジンの対策上、大事なポイントです。マスコミ記者からの検索で取材を呼び込むためには、ここで日々どういうテーマで記事を書いていくか？が、大きなカギを握ります。

これは重要ですので、よく読んでください。あなたが取材を呼び込みたいのであれば、「今すでにマスコミの話題になっていること」、あるいは「これから話題になることがわかっていること」について、ブログ記事に書くのです。

例えば２０１５年11月からマイナンバーの通知が始まり、これに関するマスコミ記事が増えています。また、同年12月から企業で社員のストレスチェックが義務付けられます。こうした時事的なテーマが、いつもあります。こうした社会状況を鑑みて、ブログ記事を書くのです。

もしあなたがビジネスメールの専門家なら、ブログ記事タイトルに「マイナンバー」というキーワードを入れ、ビジネスメールの観点からマイナンバーについての知見や取り組みを記事に書きます。

これを地道に続ければ、取材が来る確率を確実に高められます。特に、特定の地域で濃い情報を発信し続ければ、なおいいでしょう。大事なのは、日々のニュースに接することです。世の中で今何が話題になっているか？何が話題になりそうか？　アンテナを鋭敏に研ぎ澄ましてください。

こうしたブログ記事で取材を引き寄せやすくなるのはもちろん、より積極的な手段であるプレスリリースのネタも思いつきやすくなります。あなたの専門分野と、世の中の動きの接点をいつも考えましょう。

他のブログやサイト運営者と交流してネットワークを広げよう

ブログが検索で上位に表示されるには、記事を書きためて内容を充実させることはもちろんですが、他のサイトとたくさん繋がっておく（リンク）必要があります。ブログができたばかりの段階は、インターネットという大海の中で、「離れ小島」に過ぎません。なので、これから入り口をたくさん作っていくのです。

そこで、他のブログやサイト運営者と交流を図ることで、リンクを数多く作っていきます。

例えば、アメーバブログであれば、「読者登録機能」という便利な機能があります。気に入った他のブログの読者になることを相手に申請し、認められると、相手のブログに自分のブログタイトルが表示されます。逆もまたしかりで、他のブログから読者登録していただけると、これもまたお互いのブログの繋がりになります。こうしてリンク＝入り口が多くなると、検索エンジンは「このブログは価値が高いようだ」と高く評価するようになり、検索で上位表示されるようになっていきます。

相手のブログ運営者さんへのアプローチは、直接メッセージを送ったり、記事にコメントをしたりして行います。記事コメントは、これも自分のブログへの入り口となり、検索エンジン対策上もプラスに働きます。

どのブログサービスにもかかわらずできるのは、お互いのブログ紹介です。知り合ったブログ運営者の方のブログについて、自分のブログ記事で心を込めて紹介し、リンクする。すると、相手の方からも紹介し返してもらえる可能性が高まります。こうして、リンクの数を増やしていくのです。

こうした交流は、検索エンジンの評価が高まるのはもちろん、様々な友人ができるので楽しいです。**ブログはある程度、素の自分をさらけ出すことがコツ**です。**人柄感が伝わるのがブログの良いところでもある**からです。ブログは、そうやって楽しんで取り組むことが良い結果につながるツールだと感じています。

最後に、ブログを通じて知り合った大阪の方のプレスリリースを紹介します。

【お手紙プレスリリース実例7】

起業した普通の女性30人による文化祭を開きます

～大人女子に勇気と元気を与えるテーマパーク【入場無料】～

はじめまして、私は大阪市在住の前田伊織と申します。起業女性を応援する活動をしている者です。記者様におかれましては、お暑い中の日々のご取材、大変ご苦労様でございます。このたび、一歩踏み出したい大人女子に勇気と元気を与えるイベント、題して伊織塾　文化祭　２０１５『大人女子のテーマパーク～輝く女性になるためのエッセンス～』を開催することとなりましたので、お知らせいたします。

女性の社会進出が叫ばれていますが、多くの女性起業家の売上は、月に２～３万円という実態があります。家事、育児、介護など、女性には、やることがいっぱいです。それでも、自分の力で、人を笑顔にしたい、社会のお役に立ちたい…そんな志の高い女性がたくさんいらっしゃいます。

私自身、5歳の息子の母親です。ビジネスは子育てに似ていると、日々感じています。大変なこともありますが、「生まれて本当によかった!」と心が震える喜びや感動を味わっています。

今回のイベントは、女性起業家たちが団結し、作り上げるイベントです。主婦やシングルマザー、OLといった、20代から50代の、どこにでもいる普通の女性です。業種は、親子パン教室、授乳フォトグラファー、ピラティス、ネイリスト、ヒーラー、筆文字作家など、様々です。

妻として、母として、女性として。私たちの活動が、微力ながら、社会の元気に、子どもたちの明るい未来につながるように…このような想いで、準備をしています。彼女たちの、ひたむきなまでのお客さまへの愛と情熱を感じていただければ幸いです。

【イベント詳細】
日時:2015年9月5日(土)10:00~16:00(入場は15:00まで)入場無料
会場:/scrub(ノースクラブ)大阪市北区大淀南1-9-11

最新情報：「伊織塾文化祭」で検索

大変お忙しいかとは存じますが、この件につきましてご取材いただき、報道のお力で多くの方に知らせていただければ幸いです。何卒よろしくお願いいたします。

起業したふつうの女性 30 人による文化祭を開きます
～大人女子に勇気と元気を与えるテーマパーク【入場無料】～

はじめまして、私は大阪市在住の前田伊織と申します。起業女性を応援する活動をしている者です。

記者様におかれましては、お暑い中の日々のご取材、大変ご苦労様でございます。

このたび、1 歩踏み出したい大人女子に勇気と元気を与えるイベント、題して
伊織塾 文化祭 2015
『大人女子のテーマパーク～輝く女性になるためのエッセンス～』
を開催することとなりましたので、お知らせいたします。

女性の社会進出が叫ばれていますが、多くの女性起業家の
売上は、月に 2 ～ 3 万円という実態があります。
家事、育児、介護など、女性にはやることがいっぱいです。
それでも、自分の力で、人を笑顔にしたい、
社会のお役に立ちたい…
そんな志の高い女性がたくさんいらっしゃいます。

私自身、5 才の息子の母親です。
ビジネスは子育てに似ていると、日々感じています。
大変なこともありますが、「生まれて本当によかった！」と心が震える喜びや感動を味わっています。

今回のイベントは、女性起業家たちが団結し、作り上げるイベントです。

主婦やシングルマザー、OL といった、20 代から 50 代の、どこにでもいる普通の女性です。

業種は、親子パン教室、授乳フォトグラファー、ピラティス、ネイリスト、ヒーラー、筆文字作家など、様々です。

妻として、母として、女性として。

私たちの活動が、微力ながら、社会の元気に、子供たちの明るい未来につながるように…

このような想いで、準備をしています。

彼女たちの、ひたむきなまでのお客さまへの愛と情熱を感じていただければ幸いです。

【イベント詳細】
日時：２０１５年9月5日（土）１０：００～１６：００（入場は１５：００まで）　入場無料
会場：/scrub（ノースクラブ）大阪市北区大淀南 1-9-11
最新情報：「伊織塾文化祭」で検索

大変お忙しいかとは存じますが、この件につきましてご取材いただき、報道のお力で多くの方に知らせて
いただければ幸いです。何卒よろしくお願いいたします。

前田伊織
〒553-0001　大阪府大阪市福島区海老江[redacted]
ブログ http://ameblo.jp/iorimaeda

「女性の起業」や「女性の社会進出」は、まさに現代日本の大きなトレンドのひとつです。ですので、このテーマに沿った活動にはニュース価値が出てきます。最初に前田さんから、こうした頑張る女性たちが集うイベントがあると聞いた時、「マスコミに取材される可能性は十分ある」と思いました。

ただ、いくつか懸念されるところもありました。こうした女性の集まりは、マスコミから「仲間内の集まり」と受け取られてしまいかねず、取材対象と見なされないリスクがありました。

このリリースに限らず、イベントにマスコミの取材を呼ぶためには、できるだけ「オープン」性を打ち出すことが必要です。「興味を持った人は、どなたでもどうぞ」というスタンスです。

他にも懸念のポイントがありました。「起業した女性」というと、一部の恵まれたセレブな女性と受け取られかねず、これもまたスルーされてしまうリスク要因だと感じました。

ですので、

・具体的に、どういう職種の方が、集まるのか？
・どういう年代の女性たちか？　参加するのは何人か？

というところを明確にしていただきました。

独自性のあるニュース性を感じたのは、**「月収は2～3万円程度」というリアルな実態**でした。前田さんが現場で実際に見聞きしている生の数字を聞き、意外な驚きを感じました。なので、きっと多くのマスコミ記者も反応すると考え、この数字を盛り込むことにしました。

そして、あえてタイトルに「起業した**〝普通〟**の女性」と、普通であることを盛り込んだのです。

このほか、記者たちが当日の現場に足を運びたくなるように、「文化祭」「テーマパーク」という、にぎわいを感じさせる言葉を盛り込みました。

さらには、「大人女子に勇気と元気を与える」という言葉によって、出展する起業女性

たちの単なる自己満足ではなく、社会的な使命感によってこのイベントが開かれていると
いうことを醸し出せるようにしました。社会的な意義を打ち出すことは、マスコミから取材されるために、とても重要なポイントだからです。

本文にはもちろん、イベントの内容だけでなく、前田さんの「想い」と「ストーリー」が簡潔に盛り込まれています。このようなパーソナル情報を知ると、記者も共感を覚えやすいのです。

このお手紙プレスリリースは、大阪市役所の記者クラブに提供しました。その結果、毎日新聞や共同通信、産経新聞から取材・掲載されることに成功しました。

前田さんは毎日新聞さんの記事が掲載された日、ご自身のブログで次のようにおっしゃっていました。

9月2日は、前田伊織にとって、
初めての新聞掲載という記念日になりました。

3時間半に及ぶ女性記者さんからのインタビュー。
そして、何度も何度も電話での質問に答え…

一生懸命、心を込めて書いてくださった記事が、こちらです！
（毎日新聞大阪版）

字、ちょっと小さいですが、読めますか？
ぜひじっくり読んでみてください。

新聞特有の文体だけど、すごくあたたかみを感じませんか？
これが、プロの文章。
決められた文字数で、事実を客観的にわかりやすく伝えながらも…
個性がある！！

記者の島田さん（仮名）は、本当にステキな女性でした。
熱心にお話に耳を傾けてくださる姿
私のブログをじっくり隅々まで読んでくださる姿
何度も何度も、電話で確認してくださる姿…
私、新聞や、新聞記者さんに対する印象が変わりました。

なんだか今までは、すごく堅苦しくて、
なんとなく上から目線な男性記者、みたいな
イメージがありました。
イメージって怖いですね～。

やはり、『何』を、じゃなくて、『誰』から。
出逢いが人生を変える。
そんなことを感じました。

島田さん、ラブ！（笑）
思わずファンになりました。

今回、前田さんと新聞記者の間に新しい絆が生まれたことは、僕にとってもうれしい出来事でした。

やはり多くの方が、新聞記者に対して堅苦しい、とか男性の上から目線、というイメージを抱いているんですね。確かにかつては新聞記者は男性ばかりでした。夜も昼もなくあらゆる現場に飛び回るハードな仕事だからです。

しかし最近の新聞社は変わってきています。今回取材してくださった毎日新聞の記者さんのように、女性の記者がとても増えています。それに伴い、新聞各社の社内環境も働きやすいものに改善され、紙面も女性の視点の記事が徐々に増えている印象を受けます。

ですので、女性の方もぜひ積極的に新聞社にアプローチしていただき、信頼できる記者とのご縁を見つけていただきたいと願っています。個人的には、もっと多くの方にとって記者が身近な存在になるといいなと思います。

あとがき

僕はなぜか、子どもの頃から新聞が大好きでした。小学生の中学年くらいから、毎日楽しみに新聞を開いて、目を通していた記憶があります。新聞を通して、まだ見知らぬ広く遠い世界へ想いを馳せていました。

もっと広い世界を知りたい、もっと多くの人に出会いたい。そして、世の中を良くしたい。そんな想いから、やがて新聞記者を志望するようになりました。

新聞社に入った時点で、「自分は将来、独立する」と決めていました。サラリーマン的な出世には全く興味がありませんでした。ただ、その時は具体的に何をするのか?は、決めていませんでした。

新聞記者の仕事は、辛いこともたくさんありましたが、非常にやりがいがあり、面白くてたまりませんでした。「天職に巡り合えた」と思いました。会社も自由にやらせてくれて、本当にありがたい上司や職場環境に恵まれました。そして政治家や役人の仕事を監視し、悪事を追及する記事をいくつも書きました。それで世の中が良くなる、と信じていたのです。

ですが、そういう記事を書いても書いても、世の中が良くなっている実感が得られませんでした。長い時間軸で見るとむしろ少しずつ悪くなっているのです。「みんな良い世の中にしようとしているはずなのに、なぜだろう?」と、不思議でした。

新聞社を辞める1年ほど前、ある不正について横浜のある天下り機関に取材で乗り込みました。その幹部は不正を認めたのですが、何も達成感はありませんでした。逆に、しょぼーんとうつむいているその幹部の姿を見て、思いました。

「何か違うな、この違和感は何だろう」

「ネガティブな記事を書いても、世の中は良くならない」というのはほぼ確信になっていました。人は、こき下ろすのではなく、励まし応援するものである、と思いました。

駆け出し記者の頃、九州で農家のおじさんやお茶屋のおばさん、地場企業の社長さんらを応援する記事をよく書きました。それがとても楽しかったのです。世の中には素晴らしい方が大勢いるのに、知られずに埋もれている方がたくさんいます。

人をこき下ろすことではなく、人を応援することで世の中を良くしたい。悪事のニュースを掘り起こすのではなく、素晴らしいニュースを掘り起こしたほうがいいじゃないか。そして、社会の傍観者ではなく、価値を創造することをやりたい、と考えました。

それで、埋もれた人や会社を応援する今の仕事をしています。ネガティブではなく、ポジティブを発掘する。それが自分の役割だと考えています。

また、マスコミには恩義があります。子どもの頃は夢を与えてもらい、大人になってからは広い世の中を知る経験をさせてもらえました。インターネット時代を迎え、マスコミは曲がり角を迎えています。ただ、自分の個人的事情を抜きにしても、マスコミにはまだまだ社会の背骨を支える大切な役割があると感じています。外部の立場から、現場で頑張るマスコミ記者たちを応援していけたらと思っています。

　この本を手にとってくださったあなたには、現場の記者たちや、多くの読者・視聴者さんを元気づける力が、間違いなく宿っています。ぜひそれを世の中に向けて解き放ってください。応援しています。

　最後になりましたが、この本を出すに当たって大変お世話になった「企画のたまご屋さん」の森久保美樹さん、自由国民社の井上はるかさんに、この場を借りて心からお礼を申し上げます。また、この本で紹介させていただいたお手紙プレスリリースの掲載を快く許してくださった方々、本当にありがとうございました。そして、新聞社時代にお世話になった上司や同僚の皆さんにも、感謝の気持ちでいっぱいです。みなさんの健康と繁栄を、心からお祈りしています。

坂本宗之祐（さかもと・そうのすけ）

メディアコンサルタント。慶應義塾大経済学部卒。読売新聞記者、電通ＰＲシニアコンサルタントを経て現職。読売記者時代は社会部に所属。11年で全国5000人超を取材し、一面トップを始め多数の記事を執筆。その後、ＰＲ会社「電通パブリックリレーションズ」シニアコンサルタントとして複数の上場企業に関わる。このほか、ウェブ記者としてヤフーニュースのトピックス記事を多数執筆し、月間最大1800万ＰＶを記録した。マスコミから取材を受けるセミナーやコンサルティングを行い、無名だった多数のクライアントが、朝日新聞、ＮＨＫ、読売新聞、毎日新聞、中日新聞など主要マスコミへの登場を果たしている。

新装版 **手紙を書いてマスコミにＰＲする方法**

“想い”をこめた「お手紙プレスリリース」で心をつかむ！

2016年４月８日　初版発行
2019年５月21日　初版第２刷発行
2023年１月17日　新装版第１刷発行

本書は、『手紙を書いてマスコミにPRする方法』（2016年４月８日発行）を新装版として刊行したもので、内容は同一です。

「本書の全部または一部の無断複製（コピー、スキャン、デジタル化等）・転訳載・引用を、著作権法上での例外を除き、禁じます。ウェブページ、ブログ等の電子メディアにおける無断転載等も同様です。これらの許諾については事前に小社までお問合せ下さい。
また、本書を代行業者等の第三者に依頼してスキャンやデジタル化することは、たとえ個人や家庭内での利用であっても一切認められませんのでご注意下さい。」

著　者　坂本宗之祐
発行人　石井　悟
印刷所　奥村印刷株式会社
製本所　新風製本株式会社
発行所　株式会社自由国民社
〒171-0033
東京都豊島区高田3-10-11
03-6233-0781（代）
振替　00100-6-189009

カバーデザイン　小口翔平＋青山風音（tobufune）
本文デザイン＆ＤＴＰ　(有)中央制作社
企画協力　企画のたまご屋さん

© Sounosuke Sakamoto 2023 Printed in Japan

・満員電車で通勤する必要がない
・好きな時間に起きて、好きなだけ寝られる
・旅行先でも、カフェでも、好きな場所で働ける
・好きな人とだけ付き合えばいい
・上司の指示で動く必要がない

と、自分が好きなように生活をしています。

なぜ、私がこれらの自由を手に入れることができたのか。
それが、この本でお伝えしていく「eBay（イーベイ）輸出」です。

私が勤めていた特許庁をやめ、まずやったことは、

「どのビジネスが一番稼げるのか？」

を徹底的にリサーチすることでした。特許の審査官をしていたので、リサーチすることは大得意です。

初心者でも確実に稼げて、初期費用が少なくて、時間と場所の自由が得られる仕事。その答えは、「物販」であると結論を出しました。

物販にもいろいろあります。例えば、ヤフオク、メルカリ、Ａｍａｚｏｎ、などなど。

成功して稼いでいる人の多くは、これらの物販から始めた方が多いことがわかりました。その中で、私はアメリカのオークションサイト「ｅＢａｙ」を選びました。その理由は、３つあります。

(1) ｅＢａｙで行うのは「輸出」なので、敬遠する人が多く、ライバルが少ないこと

(2)日本の商品を欲しがっている日本マニアが、思った以上にたくさんいること

(3)そして何より、「こんなものが高く売れるんだ!」という驚きと、面白さがあるビジネスだということ

です。

例えば……

週刊少年ジャンプ：600円　→　1万7647円

海外で大人気の漫画『ONE PIECE』の記念特集号は、仕入れた値段の30倍近い高値で売れました。

スタバのプリン容器：1200円　→　2万1746円

期間限定品である、スターバックスのプリン容器をメルカリで買い集め、21個セットが、18倍でアメリカ人に売れました。

こけし：0円　→　1万8640円

実家でほこりをかぶっていたお土産のこけしが、思いもよらぬ高値で売れて、家族大喜び！

本書では、このような「高値売り」の事例をたくさんお伝えしながら、わかりやすくノウハウをお伝えしていきます。読み終わった後には、あなたもきっと、「私もやってみたい！」と思われることでしょう。

「まずは副業で5万円を稼ぐ！」
「3カ月連続で給料以上に稼げたら独立！」
「好きな場所に引っ越して、理想の生活をスタート！」

このような未来が手に入る、驚きと面白さにあふれたｅＢａｙ輸出の世界を、一緒に見ていきましょう。

〈第2版刊行にあたって〉

初版の刊行から約2年が経ち、新型コロナウイルス感染症の影響で配送手段が増え、ｅＢａｙの決済システムが変更になりました。このような、ｅＢａｙ輸出に起きた大きな変化を受け、最新の変更点について加筆しました。

新型コロナウイルス感染防止のために世界中の人の移動が制限されたことで、欲しいものはネットで購入する流れが急激に加速し、ｅＢａｙのバイヤーは大きく増加しました。そのバイヤーに向けて商品を販売するｅＢａｙ輸出は、在宅ででき、自宅のパソコン1つで稼げます。知っておいて損はない、ますますチャレンジする価値があるビジネスとなったのではないでしょうか。

この本が読者の皆様の副業ビジネスの第一歩となることを祈っております。

1章

知れば納得！ eBay輸出が「誰でも稼げる」10の理由

2章 高くても欲しがられる日本限定グッズを売ってみよう

3章 知れば稼げる！ 知っておくべきeBay輸出の豆知識11

4章

何がいくらで売れている？ リアルな例を見てみよう！

5章

今日からできる宝探し！日本限定グッズの探し方

1章

知れば納得！

eBay輸出が「誰でも稼げる」10の理由

理由
1

会社に勤めながら「副業」としてできる

14年勤めた国家公務員をあっさり辞めた私

今の仕事がつらい、つまらない、お給料が少ない……。仕事で何か不満があった時に、あなたはどうしようと思いますか？　転職を考えたり、独立起業を考えたりするでしょうか。

6年前の私は、国家公務員の仕事に飽きてきて、上がらない給料に不満を持っていました。このまま定年までの20年、同じ仕事、同じ生活を続けるのか……と考えた時に、

「もっと楽しく、自由な人生にしたい！」

という気持ちが勝ってしまい、14年勤めた仕事をあっさりと辞めてしまいました。

転職先も決めずに辞めてしまったので、そこからが大変です。せっかく公務員を辞めたのだから、

好きな時に
好きな場所で
好きなだけ働ける

そんな働き方はないのか？　と探し始めて、出会ったのがeBay輸出です。

eBay輸出は、インターネットを使って、「eBay」という世界最大規模のマーケットプレイスに日本の商品を出品して、海外に販売するビジネスです。

パソコンがあればどこでも仕事ができるので、家でもカフェでも、好きな場所

でＯＫ。時間も、朝でも夜でも、平日でも休日でも、好きな時間に作業することができます。

「寝ている間に、お金がチャリンチャリン……」というような、怪しくて楽なビジネスではないので、もちろんちゃんと作業をする必要があります。

しかし、「安く仕入れて高く売る」を繰り返していくので、頑張った分だけ稼げる、つまり自分のやりたい量だけ仕事ができるのです。

私の場合は、このｅＢａｙ輸出を本業として生活費を稼ぎたかったので、好きな時間といいながらも、最初のうちは朝から夜まで、かなり頑張って取り組みました。

そのおかげで、始めてから７カ月目には月収１００万円を達成することができ、なんと国家公務員の時よりも月収が多くなったのです。

あれ？　でもよく考えてみると、これって会社を辞めなくてもできるビジネス、つまり副業でもできますよね？

好きな時間でいいので、会社が終わってから、今までテレビを見ていた時間でｅＢａｙ輸出をやってみたり、休日の空いた時間にｅＢａｙ輸出をやってみたり、介護や子育てで忙しい方でも、すきま時間を活用して、ｅＢａｙ輸出で稼ぐことができます。

では、

会社を辞めてから始めた方がいいのか？
それとも、まずは副業で始めた方がいいのか？

私の経験からアドバイスさせていただくと、副業としてスタートすることをオススメします。国家公務員だった私は、副業で何かを始めるということにまったく気付かなかったのですが（公務員は副業禁止という事情もありますし……）、「好きな時に」「好きな場所で」「好きなだけ働ける」というメリットを活かせば、副業にぴったりのビジネスです。

「今の会社を辞めたい！」という方も、まず副業で始めてみて、

自分に向いているかどうかの確認
商品がちゃんと売れるという実感
給料以外の収入が稼げるという感動

を味わってから、それから会社を辞めても遅くないからです。その方がきっと精神的に楽に、ｅＢａｙ輸出に取り組める。これが、私が副業としてスタートすることをオススメする理由です。

作業に慣れてきたら、1日30分の作業で月5万円を稼ぐことは、難しいことで

はありません。むしろ、もっと稼げる人、実際に稼いでいる人がたくさんいます。

1日の作業時間は短くてもいいので、できるだけ毎日、コツコツと続けましょう。続けるコツは、「楽しむ」ことです！ 楽しいことなら、続けられますね。

eBay輸出の楽しさについては、この先たっぷりとご紹介していきます。

理由 2

初心者でも失敗しない単純明快なビジネス
成功者の多くが物販から始めている

eBay輸出以外に、「好きな時に」「好きな場所で」「好きなだけ働ける」副業はないのでしょうか？

もちろん、あります！　インターネットを使ったビジネス、いわゆる「ネットビジネス」であれば、上記の条件をクリアするものが他にもあります。私もいろいろ探しました。

商品をブログなどで紹介する、アフィリエイト。株、ＦＸ、仮想通貨、情報販売、コンサルティング……などなど、今の時代はインターネットを使って、個人でお金を稼ぐ手段がたくさんあります。

その中で、なぜ私がｅＢａｙ輸出、つまり「物販」を選んだかというと、ネットビジネスの業界で成功者と呼ばれて、すでにネット社会や出版、マスコミなどで有名になっている人の過去の経歴を見ると、最初は物販から始めている人が多い、ということに気づいたからです。

例えば、副業で稼ぎ過ぎて会社を解雇された経験を綴った著書『クビでも年収１億円』で知られる小玉歩さんも、ヤフオクでの販売から始めて、情報商材販売やコンサルタントで成功しています。他にも、秒速で大金を稼ぐといわれた与沢翼さんは、中学2年生から洋服の転売をして、月何十万円も稼いでいた過去があるとか。世界を旅する年収1億円ブロガーとして有名な川島和正さんも、家にある不用品のオークション販売からスタートしています。

ではなぜ、物販からスタートするのがいいのでしょうか？

物販は、商売の基本です。安く仕入れたものを、利益をのせて高く売る。これを繰り返して収益を作っていくので、やることがとても単純明快です。だから、副業初心者の人は「物販」からスタートすることがベスト！

もちろん「商品が売れるか？」「いくらで売れるか？」の見極めは必要になります。つまり、「商品の目利き力」を高めていくということですが、自分が買う側になったとして、「この商品が欲しいと思うか？」「いくらなら買おうと思うか？」を考えていれば、目利き力は高まっていきますよね。

日常生活で、「この商品はどれくらいの価値があるかな？」と考えるクセがついてきたら、あなたはもう立派な「物販セラー」です。

「そんなことできるかな？」と難しそうに感じるかもしれませんが、安心してください。どんなものに目をつければいいのか、目利きのポイントをすべてご紹介するので、全部読み終わった時には、目利き力の基礎が身についているはずです。

理由 3
初期投資が少なくてもできる
不用品を売ればいいのでゼロ円から可能

副業を始めようと思う時に、「初期費用がどれくらいかかるのか？」は、皆さん気になるところだと思います。「お金がないから副業を始めたいのに、初期費用が高いと払えない！」そういう悩みを持っている人もたくさんいるでしょう。

私が始めたｅＢａｙ輸出は、スタートするのに特段の初期費用はかかりません。

他にもヤフオクやメルカリなど、多くの物販サイトは、登録するための初期費用がかからないものがほとんどです。

「でも、仕入れて売るなら、仕入れ資金が必要でしょ？」

と思われるでしょうか。確かに、商品が売れる前に仕入れをしなくてはいけないので、先に仕入れ資金が必要です。しかも、

「仕入れた商品が売れなかったら、どうしよう？」

「仕入れ資金がムダになっちゃうのでは……」

　そんな不安もきっとあると思います。

でも、心配ありません。まずは自分の家にある不用品を、ネットで売るという経験をしてみましょう！　不用品なら捨ててしまえば０円のものなので、たとえ売れ残ってしまったとしても、損をすることはなく、リスクは０です。

不用品販売というと、国内のヤフオクやメルカリを思い浮かべるかもしれませんが、ｅＢａｙでももちろん、不用品販売ができます。**しかも、国内では人気がないもの、売れないもの、価値が低いとされるものも、海外では価値が高く、欲しい人がたくさんいる、高い値段で売れるということも、よくあることなのです。**

だから、海外に目を向けて、日本限定の商品をｅＢａｙに出品して売ってみる！　そういう選択肢を持つことが、あなたの不用品の価値をグンと上げます。そして、ｅＢａｙ輸出ビジネスのスタートにもなります。

例えば、昔使っていたおもちゃやゲーム、人形、キャラクター商品などが、あなたのお家に眠っていないでしょうか。何かのおまけでもらった非売品が、レアグッズで高値になることもあります。

まずは、自分の身の回りのいらない物を集めてみてください。「懐かしいなー」と思い出に浸らないで、すばやく集めてくださいね！

その中から、「ｅＢａｙで売れそうなものはどれか？」を見極める方法を、２章以降で具体的にご紹介していきます。

理由 4

思い立ったらすぐ始められる

ゼロから販売開始まで1時間以内でスタート

「よし！　最初に売るものは決まった！　早速ｅＢａｙ輸出をスタートしよ

う！」と思ったら、アカウントの登録をしましょう。メールアドレス、名前、住所などを、英語で登録していきます。

英語で登録というと、それだけで「ダメだー」と諦めてしまう人がいることを、私はよーく知っています（笑）。でも、ここはちょっとだけ頑張ってみてください。

名前を英語にするのは、ローマ字で書くだけです。
住所を英語にするのも、ローマ字で書くだけです。
英語の文章や単語は、まったく使わないで登録はできてしまうのです。

「これなら出来そうだな」と思ってもらえましたか？　また、イーベイジャパンには、「セラーポータル」という、セラー向けの情報提供ページがあります。アカウントを登録すると、見ることができますし、最近では日本語で問い合わせもできるようになりました。わからないことがあっても質問できれば安心ですよね。

［セラーポータルサイト］

https://eportal.ebay.co.jp/

なお、ｅＢａｙからの売上金は「Ｐａｙｏｎｅｅｒ（ペイオニア）」という越境決済プラットフォームを使います。

登録のやり方は、本書の読者特典として、ご用意しました。詳しく知りたい方は、左記のＵＲＬへアクセスしてください。

【1日30分からはじめる　はじめてのｅＢａｙ購読者専用サイト】

https://plusport.club/

他にも、動画があります。

【イーベイ・ジャパン公式チャンネル】

https://www.youtube.com/ebayjpcbt/

また、私もＹｏｕＴｕｂｅでｅＢａｙ情報を発信しているので、よかったら参考にしてください。

〔荒井智代【ｅＢａｙ輸出】公式ＹｏｕＴｕｂｅチャンネル〕
https://www.youtube.com/c/plusbonbuono/

もし、これがインターネットで販売するのではなく、実店舗で販売しようと思ったら大変です。まず、売る場所はどうしましょうか？　不動産物件、その敷金・礼金や、設備投資などの初期費用が必要です。

そして、スタートするまでの時間がかかります。もしもうまくいかなかった時には、初期費用はムダになってしまいます。初期費用も、かかる時間も、リスクが大きくなります。

でも、インターネットを使う販売なら、それがありません。やろうと決めてから、1時間あればスタートできます。初期費用は特にかかっていませんから、万が一うまくいかなくても、損するものはほとんどありません。リスクが最小限ということです。

輸出と聞くと、難しそうな、大変そうなイメージがあるかもしれませんが、eBay輸出は、やろうと思ったら1時間でスタートできるビジネスなのです。

「思い立ったが吉日！」という言葉があるように、ちょっと「面白そうだな」と思ったら、eBay輸出は今から、今すぐでもスタートできます。

理由 5

ブランド・スキル・センスが一切不要 人脈ゼロで人付き合いが嫌いな人でも稼げる

副業で成功している人は、ファンがいるような有名人で、ネットのスキルがあって、ビジネスセンスがある人なのではないかと、最初は私も思っていました。

公務員を辞めた私には、特許の審査以外のビジネススキルはなく、ネットではブログをちょこっと書いていたくらい。もちろん地味な一般人でしたから、有名でもなんでもありません。

そんな「ナイナイづくし」でも、短期間に成果を出すことができたのは、選んだビジネスが「物販」だったからです。

他のネットビジネスとして、例えばアフィリエイトだったらどうでしょうか。アフィリエイトは、ブログなどでオススメの商品を紹介して、そこから読者が商品を買ってくれると、アフィリエイト料という紹介料が入ってくるビジネスです。ブログを書くだけでいいので、初期費用もかからず、誰にも知られずに取り組めます。そんなことから、人気の副業ビジネスになっています。

一見簡単そうに見えるのですが、稼げているのは一握りの人だけ、とよく聞きます。それは、書いたブログを読んでくれる人がたくさんいないとビジネスにならない、つまりファンがたくさんいる人気ブロガーにならないと、稼ぐのが難しいから。有名人がアフィリエイトで稼げるのは、ブランド力が高いからですね。

では、物販はどうなのかというと、物販では売る人のブランド力は必要ありません。ネットのスキルも、販売サイトに出品するだけなので、プログラムを組んだり、高度な知識を要求されたりすることはありません。

そしてセンスは、「目利き力」という意味では多少必要ですが、基本的には、「売れているものを同じように真似して売る」ということをすればOKなので、オリジナルのセンスも必要ありません。

アフィリエイトで必要な文章力や、自己ブランディングなども特に必要ありません。株やFXで必要な知識を得るための、勉強も必要ありません。情報商材のネタがない人、コンサルティングができない人でも、物販ならできます。

人気がある商品を適正な価格で出品すれば、商品が売れていく。売る人のブランド、スキル、センスは必要なく、商品自体の力で勝手に売れてくれるのです。

物販の中でも、eBay輸出であれば、日本でしか手に入らない商品を海外に向けて販売するので、さらに商品の価値を高めることができます。より高く、より売れやすくなるのです。

ネットビジネスで成功した人たちの例を、先ほどご紹介しましたが、今は有名人でも、最初は誰もが初心者で、素人です。初心者でも成果が出せたのは、「物販だったから」といえるのではないでしょうか。

人脈もないし、人付き合いも苦手。人間関係に悩むことなく、毎日つらい満員電車での通勤をせずに、「好きな場所で、1人でコツコツと仕事ができたらいいなあ」と思っている人には、この「物販」はピッタリです。

理由

6

ライバルが少ない 英語ギライの日本人は多い

私が開催しているセミナーで、参加者に「英語は得意ですか？」と聞くと、ほぼ１００％で、「苦手です！」「キライです！」「できません！」という答えが返ってきます。

私自身は、すごく苦手というわけではないのですが、決して得意ではありません。特に、話すのは絶対に無理！　自信はまったくありません。日本人で「英語が得意です！」と堂々と言う人って、少ないですよね。

日本人の英語ギライは、データにも表れています。インターネットでの買い物で、国内と国外の利用率を出してみると、外国人は25〜50%くらいを海外から購入しているのに対し、日本人はほんの5%程度しか海外から購入しておらず、残りの95%は国内のインターネットサイトからの購入となっています（イーベイジャパン調べ）。

「日本国内で十分に欲しい物が買えるから」という理由もあるのかもしれませんが、英語のサイトから物を買ったことがある人は、非常に少ないという状況になっています。そこにはやはり、「英語は苦手」「英語はわからない」という意識が働いているのではないでしょうか。

海外のサイトには、ｅＢａｙも含まれます。ｅＢａｙはアメリカのサイトゆえ、すべて英語で表記され、日本語サイトは現時点（２０２１年８月現在）ではありません。ですから、購入するにも販売するにも、英語を読まなくてはなりません。そのせいで、日本では知名度が低く、使いたい人も増えないのかもしれません。

さて、ここで気づきましたか？　みんなが使わない、だからこそ、そこに大きなチャンスがあることを！

日本以外のたくさんの国では、インターネットを使って海外から商品を購入します。その中でも、日本の製品は品質が良く、オリジナリティもあるので、海外で大人気！　日本製品を欲しい人がたくさんいます。

しかし、日本人は英語のサイトを敬遠するので、eBayでの日本セラーの数は、まだまだ少ないのが現状です。**日本製品が欲しい人がたくさんいるのに、それを売る人がまだ少ない。**ということは、ライバルが少ないから、自分がeBayに日本製品を出品すれば、買ってくれる人がたくさんいるということです！

「英語は苦手だけど、ちょっと挑戦してみようかな？」と思ってもらえたでしょうか。実際にeBayを始めてみると、英語を使う場面は思っているより少ないもの。英語の文章を書く必要はなく、伝えたい単語を翻訳ソフトで英語にするだけ。わからない英語は、翻訳ソフトで日本語にすればＯＫ。今の翻訳ソフトは非常に優秀なので、あなたの英語力は必要ありません。

安心して、ライバルが少ない輸出ビジネスに挑戦できるのです！

理由 7

市場が大きい
eBayはヤフオク、メルカリの約10倍

「ライバルが少ないのはわかったけど、買ってくれる人はどれくらいいるの？」

ヤフオクやメルカリで販売している人は、「国内でも十分売れるから、わざわざ輸出に手を出す必要はない」と思う人もいるでしょう。

では、利用者の数で比較してみましょう。ヤフオクやメルカリは約１６００〜１８００万人、ｅＢａｙは約１億５９００万人です（イーベイジャパンオフィシャルサイトより）。桁が違います。ｅＢａｙは世界１９０カ国以上で利用されているので、１億５９００万人の利用者には、北半球から南半球まで、アフリカもアジアも、そして北米もヨーロッパも、気候も文化も違う人たちが集まっています。

海外旅行に行って、「日本では当たり前に売っているものが、まったく見つからない」という経験をしたことはありませんか？　日本企業の海外進出や、物流の発展により、海外で日本製品が買えることは昔より増えてきていますが、まだまだ買えないものはたくさんあります。

日本の文化も、アニメやキャラクターをはじめ、伝統文化である茶道や華道、工芸品、ちょっとした便利グッズなど、インターネットを通じて世界に知られてきていて、日本マニアと呼ばれる、日本ファンの外国人も増えてきています。もちろんｅＢａｙの１億５９００万人の利用者の中にも、日本マニアがたくさんいます。

決して、ヤフオクやメルカリの国内物販がダメと言っているのではありません。国内でも売れるものがたくさんありますし、インターネットで物を購入することは、今後もっともっと増えていき、取引額も上がっていくでしょう。

一方、海外向けのネット販売、いわゆる越境ECも、驚くべき伸び率で取引額が増えていて、市場の大きさはここ数年で4倍以上もの拡大を見せるといわれています（経済産業省「平成29年度　我が国におけるデータ駆動型社会に係る基盤整備（電子商取引に関する市場調査）」）。

この大きな市場を見逃すのは、もったいないのです！　インターネットを使えば、国内で、というか家にいながら、輸出ができる時代です。その利点を活用して、大きな市場でビジネスを始めてみましょう！

理由

8

すぐに稼げる
独学で始めて、月10万円が入ってきた

私が「まったくの副業初心者から、7カ月目で月収100万円を達成した」と言うと、「あなただからできたんじゃない?」と言われることがあります。副業で月に100万円を稼いだ人は、他にいないわけではありませんが、結果が出るのが早かった方だからでしょう。

私の場合は先に仕事を辞めてしまったので、正確には「副業」ではなく、1日のうち多くの時間をeBay輸出に使えました。4~7カ月目は、公務員だった時の勤務時間よりもずっと長い時間、朝から晩まで机に向かって、ひたすらeBay輸出のリサーチと、出品をしていました。

そんなストイックな生活はできないという方、する必要はないですよ！　私の場合は、公務員を辞めて給料がない中、生活費を稼がねばならなかったので必死でしたが、まず副業で始める場合は、無理のないペースで進めていけば大丈夫です。

私も、スタートから3カ月目までは完全に独学で、何か1つ始めるにしても、やり方を調べながら進めていたので、ペースは超スローでした。それでも、3カ月目には月10万円は稼げましたから、「副業だから稼げない」とか「必死にやらないと稼げない」ということは、まったくありません。**スタートしてから稼げるようになるまでが早いというのも、物販のメリットです。**

やり方としては、

日本からeBayに出品されて、売れている商品を探す。

↓

それを自分も同じようにeBayに出品して、売れたら梱包して発送する。

これをひたすら続けて、コツコツと利益を積み上げていけばOKです。できるだけ早く結果を出したければ、うまくいっている人の真似をすること！　これが一番の早道になります。

「私は絶対に着物が売りたい！」と思っても、欲しい人がいなければ売れないし、物には相場というものがあるので、その商品の販売相場から価格が大きくズレてしまっていたら、やはり売れません。

あなたが副業をする目的は、何でしょうか？　「着物が売りたい」のではなく、「稼ぎたい」のであれば、妙なこだわりは捨てて、うまくいっている人を真似すること。これを守っていれば、結果は出ます。

理由 9

仕入れが簡単 身の回りにある「日本限定グッズ」が大人気

「本格的にビジネスをしよう！」

と思った時に、さて、「どこから？」「何を？」「いくらで？」仕入ればいいのでしょうか？　仕入れって、何だか難しそうですよね。

個人の副業で始めるとしたら、大量には仕入れできないし、ましてや卸問屋やメーカーと繋がっていないから、「仕入れなんてできるのかな……」と心配になる人もいるでしょう。

eBay輸出の場合は、日本に住んでいるというメリットを最大限に活かして、

「日本では当たり前に買えるけど、海外ではなかなか手に入らないもの」を仕入れて売れば、それがビジネスになります。

例えば、前にも例にあげた『週刊少年ジャンプ』。日本では一般的には毎週月曜日に発売され、当たり前のようにコンビニ、本屋、駅の売店などで買えますが、海外では簡単には買えないでしょう。また、過去に発売された少年ジャンプも、日本にいれば中古品として、ヤフオクやメルカリ、古本屋さんなどで簡単に手に入りますが、海外で売られていることはほとんどないでしょう。

少年ジャンプに掲載されているマンガは、海外でも人気があり、ファンもたくさんいます。自分のお気に入りのマンガが大々的に取り上げられている号だったら、ファンは欲しいと思いますよね。それが高くても、「欲しければ値段は関係ない」というのが、コレクターやマニアの心理です。

ユニクロで買うTシャツも、日本だけで売っているデザイン、海外では入手できないデザインは、実はｅＢａｙで、定価よりも高く売れてしまいます。もちろんすべての商品ではありませんが、人気があるデザイン、デザイナーやキャラクターとコラボしている商品は、外国人にも人気です。

世界中に展開しているスターバックスコーヒーでも、日本では日本限定のマグカップや、プリペイドカードなどが販売されているので、それもまた、海外のスターバックスコーヒーグッズのコレクターから見ると、喉から手が出るほど欲しい商品だったりするのです。

こういう商品が、海外で人気だということを知っていれば、日常生活の中で、十分仕入れができてしまいます。もしかしたら、あれもこれも、海外で高く売れるかもしれない！　毎日の生活が、宝探しのように楽しくなります。

理由

10

利益率が高い
国内のものは「海外」で売ると高く売れる

「なぜ日本で簡単に手に入るものが、eBayではこんなに高く売れるの?」

私がセミナーで、「300円で買った物が、10倍の値段で売れた!」といった事例をお伝えすると、腑に落ちない顔をする方がよくいます。「外国人をダマして、高値で売りつけているのでは?」と疑いの目を向けられたこともあります。

いえいえ、決してそんな悪いことをしているわけではありません。むしろ買ってくれた外国人から、お礼のメッセージを受け取ることもあります。中にはお得意様になってくれて、「これが手に入ったら、すぐに連絡してくれ!」という方がいます。何回も買ってくれるリピーターになってくれて、1人で200万円以上お買い上げいただいた方もいます。

なぜ、日本で簡単に手に入るものが高値で売れるのか？　それは、「希少価値」があるからです。

私が扱っているのは、すべて日本でしか手に入らない商品。そして販売している相手は、外国に住む「日本マニア」です。

アメリカ、ヨーロッパ、アフリカ、オセアニアなど、彼らの住む地域では手に入らないものには、「希少価値」があるのです。なかなか手に入らないものは、欲しければ高くても買いますよね。

この希少価値の原理を利用すると、ビジネスができます。例えば、田舎で集めた落ち葉を東京で売っている会社があります。山で集めた笹の葉や紅葉を、高級料亭に卸しているのです。

つまり、希少価値が高いものは、高く売れるのです。これは世界中の顧客を相手にしたeBayでも同じことです。

日本の商品は希少価値だけでなく、「信頼」という価値も高いため、さらに高く売れます。カメラ、ゲーム機、日本車など、日本製品は外国人からの信頼が厚く、日本メーカーの製品が欲しいという人は、海外にたくさんいます。

一昔前までは、日本の希少価値がある商品を、個人で海外の人に売る方法はありませんでした。ところがeBayというECサイトの誕生により、国境や距離は関係なく、簡単に買い物をする感覚で、個人輸入をする時代がやってきました。

需要と供給のバランスが、一気に需要過多に傾き、日本の商品がeBayでは、圧倒的に足りない状態なのです。そのため、ヤフオク、メルカリ、Amazonなどを利用した、いわゆる国内転売よりも、圧倒的に高値で稼げるのです。

物販の基本は、「より高く売れる場所で売ること」。つまり、日本製品を海外で売るのがベストなのです。その中でも、「日本限定グッズ」はプレミアがつき、飛ぶように売れていくのです。

2章

高くても欲しがられる

日本限定グッズを売ってみよう

ポイント 1

ｅＢａｙは「なんでも売ってＯＫ」のアメリカ版ヤフオク

「ｅＢａｙ」は、１９９５年にアメリカで誕生した、世界最大級の通販・オークションサイトです。簡単に言うと、ヤフオクのアメリカ版のようなイメージです。

ｅＢａｙはアメリカだけでなく、世界１９０カ国以上で利用され、約12億もの商品が出品されています。１億５９００万人以上のアクティブユーザーが、10兆円以上の取引をしている、超巨大マーケットです。

ｅＢａｙで販売が禁止されているものは、武器、電子タバコ、煙草、薬品、軍服、生鮮食品、アルコール、アダルトグッズなどです。それ以外は、販売先の国の法律に違反していなければ、何でも出品することができます。例えば、シンガポールでのチューインガムのように、それぞれの国で禁止されているものは、郵便局のホームページに詳しく載っています。もちろん、新品でも中古品でも大丈夫です。

違法でなければ何でも売ってＯＫなので、欲しい人がいれば、空き瓶だって空き缶だって、自由に売ることができます。だから、スターバックスコーヒーのプリンの空き容器だって売れてしまう！　そこが、他の輸出サイトとはちょっと違うところ。売る側も買う側も面白いのが、ｅＢａｙです。

販売方法は、欲しい人が値を上げていくオークション形式と、固定価格の販売形式。好きな方を選ぶことができます。もちろんインターネットでの買い物なので、いつでも、世界中どこでも、出品、そして購入ができます。

お金のやり取りは、すべてアメリカドル。日本から出品した商品も、世界中の人がアメリカドルで購入します。支払いはクレジットカードでできるので、アメリカドルを持っていなくても問題ありません。

ｅＢａｙで商品が売れると、ｅＢａｙからＤａｉｌｙまたはＷｅｅｋｌｙ（毎週火曜日）のスケジュールで、ご自身のＰａｙｏｎｅｅｒアカウントに、アメリカドルで代金が振り込まれます。出品した人は、必要な時にＰａｙｏｎｅｅｒから日本の銀行に、アメリカドルを日本円に換金して、お金を引き出すことができます。アメリカドルでのやり取りは、すべてｅＢａｙのシステムでできるので、安心です。「売れたのに、代金を支払ってもらえなかった！」といったトラブルはありません。

気になる手数料は、出品した商品カテゴリーによって異なりますが、平均的には代金の約15％です（売上が上がってくると手数料が低くなってきます）。代金には、商品代金の他に送料が含まれます。送料は、出品時に送料を設定する、あるいは商品代金に送料を含めることができます。

ヤフオクやメルカリと比べると手数料が高いのですが、後から事例を交えてご紹介するように、国内で販売するのとは比較にならないくらい、大きな利益が出ます。そのため高い手数料を払っても、手元に残る利益は、ｅＢａｙ輸出の方が大きくなるケースが多いのです。

なお、ｅＢａｙのサイトは、すべて英語で書かれています。ここが、日本でｅＢａｙが浸透しにくいところかなと思いますが、商品の写真が掲載されていますし、サイト内にあるすべての英語が理解できなくても、全然問題ありません。わからないところは、翻訳サイトを活用しましょう！　無料の翻訳ツールで十分です。

買う時は、欲しい商品をカートに入れて、ポチっと決済するだけ。ネットショッピングサイトなので、基本的には、ヤフオクや楽天などでの操作と同じです。売る時は、商品の写真をアップロードして、説明を翻訳した英単語で入れるだけ。すでに同じような商品を販売している人の、出品ページを参考にして真似すればＯＫなので、新たに英語を考える必要も、ほぼありません。

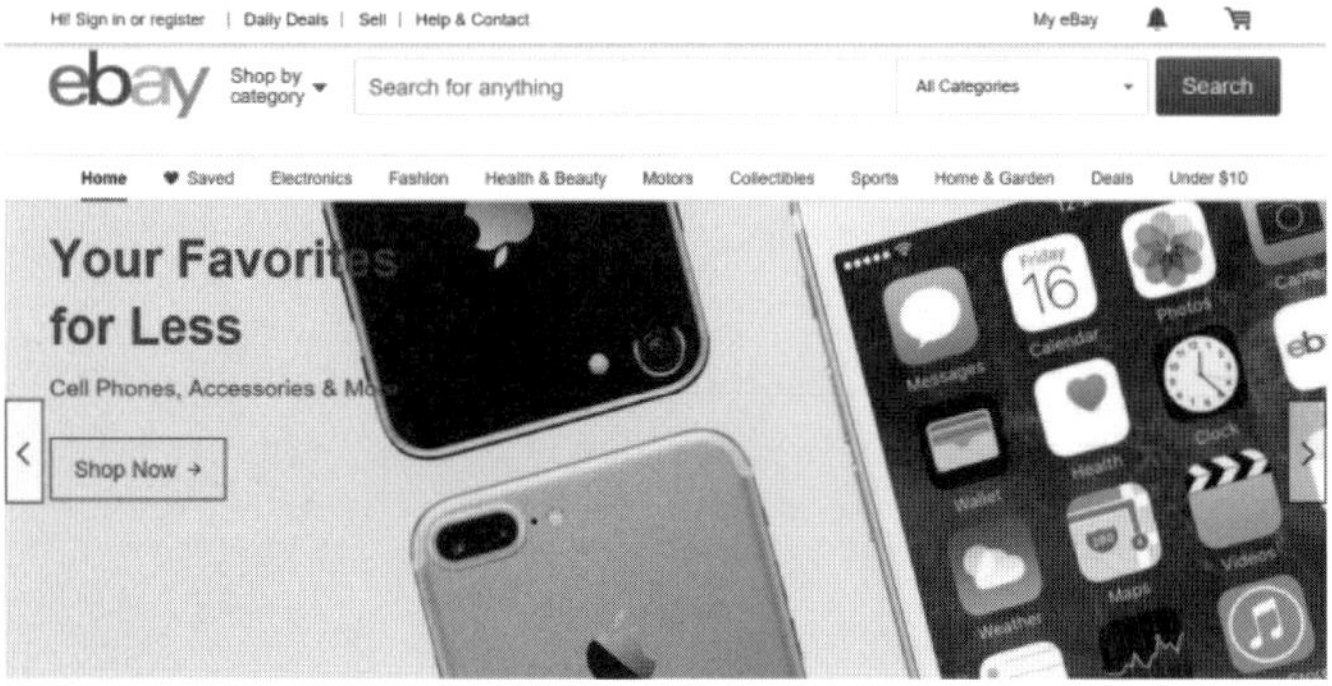

[eBay のトップページ]

通貨が円からドルになり、言葉が日本語から英語になっただけ。それ以外は、他のネット物販とほぼ変わりません。そう思っていただければ、eBay輸出のハードルは、低くなってくるのではないでしょうか。

　アカウント登録しなくても、eBayのサイトは自由に見ることができます。まずは一度、eBayってどんなサイトなのか、見てみてください。

【eBayサイト】
https://www.ebay.com/

ポイント
2

日本マニアが高値で日本限定グッズを買ってくれる

eBayの1億5900万人のアクティブユーザーとは、どんな人なのでしょうか？　前にもご紹介した通り、外国では、インターネットを使って他国の商品を購入する習慣が、すでに浸透しています。また、新型コロナウイルス感染症の影響もあり、ネットショッピングユーザーは急増しました。

自分の国では買いにくいもの、売っていないものは、eBayのようなネットサイトで購入します。私がeBayで販売している、日本限定グッズを購入してくれるユーザーもそうです。

例えば、中古のフィルムカメラを、eBayで購入する外国人たち。最近は、スマートフォンのカメラの性能が素晴らしいので、わざわざカメラを買わない人もいると思います。そんな時代でも、中古のフィルムカメラは、ｅＢａｙの中では売れ筋の、大人気カテゴリーなのです。

カメラ技術は、日本のお家芸ともいえるでしょう。世界的に有名なカメラメーカーは、キヤノンとニコン。この2社だけでも、世界のかなりのシェアを占めています。その他のペンタックス、オリンパス、マミヤ、ミノルタなどのフィルムカメラを作っていたメーカーも、ほとんどが日本の会社です。

デジタルカメラがいかに便利でも、「フィルムカメラが好き！」というカメラマニアは日本にもいますし、世界にもたくさんいます。一方で、日本製の古いフィルムカメラは、日本では町のカメラ屋さんやリサイクルショップ、ヤフオクなどにはたくさん在庫があって、簡単に売買できますが、海外ではそうはいきません。

最新のデジタルカメラは海外の店舗で買えても、すでに製造中止になっている古いフィルムカメラは、ほとんど売られていないのです。だからフィルムカメラが欲しい人は、ｅＢａｙのようなネットサイトで購入します。

こういう、自国の店舗では売られていない日本限定グッズを、ｅＢａｙを使って購入する人、海外に住む日本製品が大好きな人たちのことを、この本では「日本マニア」と呼んでいます。ｅＢａｙでは、日本マニアが日本限定グッズを、「高値でも欲しい！」と買ってくれるのです。

ポイント 3

日本マニアってどんな人？ 3つのタイプをチェック！

では、日本マニアとは、具体的にどんな人なのでしょうか？ わかりやすく、

3つに分類してみました。

1．アニメ・マンガ好き
2．日本文化好き
3．日本メーカー好き

の3つです。順番に見ていきましょう。

1．アニメ・マンガ好き

日本のアニメやマンガが、外国で人気があるというのは、聞いたことのある方が多いでしょう。「ドラゴンボール」「DEATH NOTE」「ポケットモンスター」「NARUTO-ナルト-」「美少女戦士セーラームーン」「ONE PIECE」「鋼の錬金術師」「HUNTER×HUNTER」「幽★遊★白書」などなど、挙げればキリがないくらい、海外にファンがいる日本のアニメやマンガはたくさんあります。

日本のアニメやマンガが海外で人気がある理由は、抜群のクオリティの高さです。日本では、サラリーマンも通勤電車でマンガを読む姿を見かけるように、大人でも楽しめるストーリーが多く、アニメやマンガが幅広い世代で親しまれています。また、ジブリが世界的に評価されたように、特徴あるキャラクターデザインや、絵のクオリティの高さも、世界で人気になる要因の1つです。

特にヨーロッパ、中でもフランスには、日本のアニメ・マンガ好きが多くいます。パリで毎年行われる「ジャパン・エキスポ」は、日本のアニメのコスプレをしたコスプレーヤーが、大勢集まることで有名です。

そのコスプレの完成度は驚くほど高く、ニュースでも取り上げられています。フランスでは、日本のマンガがたくさん発売されていて、小さな頃から日本のアニメを見て育ってきた世代もいるほど、日常生活に日本のアニメやマンガが浸透しています。

「オタク」という日本語が、「ＯＴＡＫＵ」として海外で通じる言葉になってきているように、海外の日本マニアたちはアニメやマンガに夢中になり、キャラクターのファンになります。日本では、これらの人気アニメのキャラクター商品が多く発売されていて、簡単に手に入れることができます。しかし、それらが売られていない場所に住んでいる日本マニアは、ｅＢａｙを使って、日本から出品されている商品を購入するのです。

2．日本文化好き

茶道、華道、盆栽、柔道、空手、将棋、着物、忍者、掛け軸、こけし……日本では趣味や部活動として、愛好家が多い芸事や品々。テレビやインターネットで日本文化を知る機会が増えたことから、海外では日本の伝統文化に興味を持つ人や、「習いたい」「道具をそろえてみたい」という人が増えています。

盆栽は、アメリカやヨーロッパで人気になっています。イタリアでは、盆栽の専門学校ができるほどのブームになっています。盆栽の世界大会が開催されるなど、盆栽は「ＢＯＮＳＡＩ」として、世界の文化になりつつあります。

それでもやはり、盆栽で使う道具は、日本の方が手に入りやすいですね。ハサミや器、盆栽の書籍などです。盆栽を愛する日本マニアは、ｅＢａｙでこれらの商品を購入します。

また、日本人なら見慣れている「こけし」も、海外では珍しい置物で、「日本らしく可愛いから」という理由で、ｅＢａｙでも数多く売れている商品の１つです。

そして、日本へ旅行に来る外国人観光客には、浴衣を着て観光してみる、提灯づくりを体験してみる、抹茶と和菓子を食べてみるなど、旅行中に日本の伝統文化を体験して、日本文化を好きになる人が多くいます。日本の絵が描かれた手ぬぐいや、よく切れる日本の包丁、そして包丁を研ぐ砥石なども人気です。神社やお寺を巡り、その美しさに惚れる人もいますし、御朱印帳を購入していく外国人も増えてきているそうです。

「うっかり、お土産として買いそびれてしまった」
「自国でも日本文化を楽しみたい」

日本文化が好きになった日本マニアたちは、ｅＢａｙで日本文化に関するグッズを購入します。新型コロナウイルス感染症の影響で、以前に比べて簡単に海外旅行ができなくなっているので、日本マニアの需要はさらにネットショッピングに流れてきています。

日本では、「家にあったら処分に困るなあ……」と思うような掛け軸やこけしも、日本の伝統文化に興味がある日本マニアから見れば、自国で手に入らない貴重なものなので、高くても欲しいと思う商品なのです。

3．日本メーカー好き

昔から、日本製品は世界各地で人気があり、日本製なら丈夫で安全であるという信頼が存在します。「Ｍａｄｅ　ｉｎ　Ｊａｐａｎ」が印字された商品は信頼され、日本製品への信頼は、そのまま製造しているメーカーへの信頼につながり、「高くても良いものが欲しい」という日本マニアは、日本メーカーのファンになっています。

「カメラ」は、キヤノン、ニコン、ソニーなど、世界の市場の8割以上を占めるほど、日本のメーカーが牛耳っているジャンルです。これらのメーカーの商品は、新発売されたものはもちろん売れますが、40年以上前の商品が、当時の販売価格を大きく上回る値段で売れることも、珍しくありません。

また、おもちゃやゲームも、任天堂、ソニー、セガ、バンダイ、タカラトミーなど、世界中で知られる人気メーカーが数多く存在し、日本マニアには、20年以上前に大ブームになったファミコンやセガサターンを欲しいと、今でも高値で買うほどのファンがいます。懐かしいゲームウォッチなど、日本ではもう誰も遊んでいないようなゲームが、海外では希少価値の高い商品として、ｅＢａｙでは驚くほどの価格で販売されていることも、多いのです。

釣り具も人気です。シマノ、ダイワ、リョービなど、日本メーカーのリールは、人気の商品です。日本のメーカーが作った、綿密な細工や精巧な作りの商品を、「高くても欲しい」という日本マニアがたくさんいます。

ポイント 4
モノを大事にする日本人は出品者として信用される

「Ｍａｄｅ　ｉｎ　Ｊａｐａｎ」の商品は人気があるのと同時に、「Ｕｓｅｄ　ｉｎ　Ｊａｐａｎ」の商品も、実は人気があります。

昔から、「日本人は物を大事にする」といわれています。例えば、箱に入ったプレゼントをもらった時に、包装紙をきれいに外したり、箱を開けて商品を取り出して、使ったらまた箱にしまって大事に保管したり、ということは、日本であれば、さほど珍しいことではありません。

しかし海外では、箱を「ビリビリッ」と破って商品を取り出す人が多く、箱にしまって保管する、梱包材であった箱を保存しておくということは、あまり考えられないことのようです。もちろん、日本にも海外にも例外はあると思いますが、その傾向が強いということです。

何十年も前の商品が、当時のままの箱に入れられて保存されているというのは、ものすごく価値が高いことです。それがコレクター向けの商品であったならば、その箱があるのとないのとでは、商品価値＝商品価格も格段に変わってきます。箱がついているだけで、価格が１・５倍ほどになることも、往々にしてあるのです。

インターネット上で物を売買する最大のデメリットは、商品を手に取ることができないという点です。特に中古品は、１つひとつ状態が違うので、実際に送られてきた商品が、思っていた以上に汚れていた、ボロボロだった、ということもあり得ます。そうならないよう、ネットでも商品の状態がよくわかるように、写真をたくさん掲載したりしますが、やはりそれでも限界があります。

そんな背景もあって、前述の「日本人は物を大事にする」という話に戻ると、同じような商品であれば、

「日本人が使った中古品の方が、安心なのではないか」

と、売れやすくなります。また、日本人はウソを言ったり、ニセモノを売ったりしないという信頼感もあり、「キレイです」「壊れていません」「本物です」などの商品に関する説明も、信用され、安心して買ってもらえることが多いのです。

日本人は、日本限定グッズが簡単に入手できるだけでなく、中古品では「Ｕｓｅｄ　ｉｎ　Ｊａｐａｎ」の信頼もあるので、よりｅＢａｙ輸出を有利にできる

のです。

ポイント 5

日本の露出が増えるほど日本マニアが増えていく

最近、「インバウンド」という言葉をよく耳にするように、近年は、訪日外国人の数が急増しています。それに伴って、日本のことを海外で紹介するテレビや雑誌、ネットニュースなどが増えてきています。

「アニメの主人公が美味しそうに食べていた、たい焼きを食べたい！」

と、モデルになったたい焼き屋さんを目指して日本まで旅行に来たり、たい焼き器を購入したりする外国人がいます。情報化社会の現代では、ありとあらゆる手段でさまざまな情報が飛び交って、情報に国境はなくなってきています。

日本の食べ物や観光地、文化などがさまざまなメディアで紹介されて、日本の露出が増えていけば、さらに日本に興味を持つ外国人が増えていくことは、明らかです。日頃、日本で生活していると忘れがちですが、日本の文化や伝統は、とても個性的で魅力的です。世界の反応から、日本の良さを改めて実感することができますね。

日本マニアが欲しがっている日本限定グッズがどんなものなのか、何となく理解できたでしょうか。そして、「日本マニアに日本限定グッズを、eBayで売ってみたい！」と思ってもらえたでしょうか。

3章では、eBayで日本限定グッズを売るためのコツを、お話していきます。

3章

知れば稼げる!

知っておくべき eBay輸出の 豆知識11

知識 1

稼げるアンテナを張ろう！「何が高く売れるのか」を知る

eBay輸出で「稼げる商品」とは、日本限定グッズです。つまり、日本では安く簡単に手に入るのに、海外では買えなくて、高くても欲しい人がいる商品です。気付いていないだけで、あなたの周りにも、「稼げる商品」がたくさんあります。何気なく買って、使って、捨てているもの……知らないうちに、せっかくの稼げるチャンスを失ってしまっているかもしれません。もったいないですね！

「カラーバス効果」という言葉を聞いたことはあるでしょうか？　ある1つのことを意識すると、無意識にそのことに目が行くようになるというものです。

つまり、「稼げる商品は具体的にどんな商品なのか？」を知って、日常生活で

意識しておけば、無意識に「稼げる商品」に目が行く、気付けるようになります。

コンビニでも、スーパーでも、リサイクルショップでも、家の中でも。毎日の生活で、「稼げる商品」がどんどん見つかってきたら、ｅＢａｙ輸出は簡単です。

私が開いている輸出スクールに、Ｋ君という生徒がいます。居酒屋でバイトしているＫ君は、バイト先で廃棄している、お酒の空きボトル６本を家に持ち帰り、きれいに洗って、ｅＢａｙに出品しました。空きボトルなので、中身のお酒は入っていません。ちなみにｅＢａｙでは、アルコールは販売できないのですが、空きボトルですから、まったく問題ありません。

６本セットの空きボトルは、約２万円で売れました。そして、手数料約１５％と、国際便の送料７０００円を引いて、Ｋ君は１万円ものお小遣いを手に入れました！　バイトよりも短時間で、多く稼げてしまったのです。送料は重いほど高くなり、空き瓶６本ともなると重く、国際便の送料は高くつきました。それでもしっかりと利益を出すことができるのは、日本ではありえない価格で、ｅＢａｙでは売れるからです！

そもそも、空きボトルがそんなに高く売れると思っている人は、少ないですよね。でも、サントリーの「響」という銘柄のウイスキーは、その空きボトルがｅＢａｙでは人気の商品で、１本３０００円くらいで売れています。

Ｋ君はこの事実を知り、バイト先の居酒屋で廃棄されている空きボトルを見つけ、それを持ち帰ってｅＢａｙで販売しました。今までずっと見逃していた商品ですが、売れるとわかればごみではなく、「稼げる商品」になります。

もう1つ、例を挙げましょう。２０２０年から翌年にかけ、『週刊少年ジャンプ』の「ＯＮＥ　ＰＩＥＣＥ」１０００回連載記念として、連続した2冊の表紙を合わせると、一枚絵になる特別号が発売されました。ポスターも付いていて、ファンにとってはぜひ手に入れたい商品でしょう。

日本のアニメは海外でも大人気です。日頃から「何が海外で高く売れるか？」を考えている輸出スクールの生徒たちは、もちろんこの商品に目を付けていて、2冊で仕入れ値600円のものを、約1万8000円で販売した強者もいました。

こんなことが、あなたもできるようになります！　そのために、まずは「稼げる商品」をどうやって見つけていくのか、お伝えしていきますね。

知識 2

過去に高値で売れた商品は何度でも高値で売れていく

スクールの生徒さんから、

「仕入れた商品が売れなかった場合、どうすればいいですか?」

という質問を受けることがあります。

「これは売れるかな?」

と、一か八かで仕入れをして、eBayに出品してみる。運よく売れればよいですが、不運にも売れなかった場合は、困りますよね。それから、思っていた値段で売れなかった場合も、困りますね。

売れない商品を仕入れてしまったり、仕入れ価格より安く売ってしまったら、残念ながら赤字です。稼ごうと思って頑張ったのに、赤字は嫌ですよね。

売れるかどうかわからないものを仕入れるのは、ある意味ギャンブルのようなものです。特に、eBayで何が売れるのか、まだよくわかっていない初心者のうちは、ギャンブル的な仕入れはしないようにしましょう。

確実に売れる、しかもこれくらいの価格で売れるとわかっているものを仕入れて、販売していけばＯＫ！　売れ残るリスクを最小限にするのです。

そのために有効なのは、「ものまねリサーチ」です。あなたのオリジナリティは、一切必要ありません。他の人がすでに売った商品、売った価格を参考にして、あなたも同じ商品を仕入れて、同じ価格で売ればいい。これがものまねリサーチです。

誰のものまねをすればいいのかというと、あなたと同じ「日本人セラー」。日本に住んでいて、日本で仕入れをして、日本から販売して、発送している人です。つまり、あなたとまったく同じ条件で、ｅＢａｙ輸出に取り組んでいる人の真似をしていきます。その人ができることは、同じ条件のあなたもできる可能性が非常に高いからです。

ｅＢａｙでは、過去３カ月間で売った商品を簡単にリサーチすることができるので、ここから二匹目のどじょうをザクザクと見つけていけばいい、それだけです。また、以前は有料だったリサーチツール「Ｔｅｒａｐｅａｋ（テラピーク）」を、ｅＢａｙアカウントがあれば無料で使えるようになったので、過去に売れている商品をさらに見つけやすくなりました。

商品には相場というものがあって、供給が需要を異常に上回らない限り、「大体これくらいの価格で売れる」というのが決まってきます。一度高値で売れた商品は、何度でも高値で売れていく。まだまだ需要の方が供給よりもずっと大きいｅＢａｙでは、この傾向が強いので、「ものまねリサーチ」で売れ残るリスク、赤字リスクを大きく下げていきましょう。

知識

3

日本限定グッズが高く売れるポイントは5つ

eBayで日本人が売っている「稼げる商品」は、日本限定グッズです。日本限定グッズとは、日本では購入できるけど、外国では販売していないもの。つまり、外国人が「欲しい！」と思っても、日本にしか売っていないので、自国では手に入らない商品のことでしたね。

わかりやすく日本限定グッズを、次の5つに整理してみます。

(1) キャラクターグッズ
(2) 世界的ブランド
(3) 伝統工芸品

(4) 空き容器

(5) 日本メーカー

1つずつ、解説していきますね。

(1) キャラクターグッズ

日本発のキャラクターと聞いて、あなたはどんなものが思いつきますか？

ポケモン、ドラゴンボール、キティちゃん、ドラえもん、セーラームーン、聖闘士星矢、ガンダム、となりのトトロ、ワンピース、進撃の巨人、スーパーマリオ、NARUTO、キキララ、マイメロディ……。まだまだ、いくらでも思いつくのではないでしょうか。これら日本のキャラクターは、インターネットやテレビ、マンガなどで世界に広まっていて、ファンもたくさんいます。

「大好きなキャラクターのグッズが欲しい！」

と思うのは、外国人のファンも同じです。いわゆる「オタク」は世界中に存在し、日本人以上に詳しい人もたくさんいます。これらのキャラクターグッズは、日本ならお店でもネットでも、たくさん売られていますし、お菓子のおまけなどに付いてくることもありますよね。

でも海外では、日本と同じように簡単に手に入れられません。だからネットで買えるのはとてもうれしいし、「高くても欲しい！」ということになるのです。

(2) 世界的ブランド

日本発のものだけが、日本限定グッズではありません。世界的ブランドは、シャネルやルイ・ヴィトンなどの高級品から、コカ・コーラやスターバックスコーヒー、ディズニーといった身近に目にする商品まで、たくさんあります。

それらの世界的ブランドは、各国においてその国でしか買えない、限定品を販売することがよくあります。ディズニーを例に挙げてみると、日本には東京ディズニーリゾートがあり、その場所でしか買えない、一定期間しか買えない、限定グッズがありますよね。それも日本限定グッズなのです。

(3) 伝統工芸品

日本マニアが欲しがる、日本の伝統工芸品。伝統工芸品は、安価なものから国宝級の高級品までさまざまですが、私たちの身近にあるものでも、十分に日本文化を感じられるものはあります。それは、外国人にとっては貴重な品になります。

むしろ、日本では人形や置物などがないがしろにされて、押し入れの奥に眠っているのは、よくあるパターンではないでしょうか。それを日本マニアが喜んで大事にしてくれたら、うれしいですよね。

(4) 空き容器

ビン、缶、ペットボトルなどの空き容器。これらは、資源ごみの日に回収へ出せば0円ですが、この中にも日本限定グッズがあります。

先ほどご紹介した、ウイスキー「響」の空きボトル。「響」は日本では酒屋さんで買える商品、お店で飲めるお酒です（その後一部製造中止となり、入手しづらくなりましたが）。しかし海外では、店舗で売られたり、お店で飲めたりということは、一般的ではないでしょう。

これはあくまで私の予想ですが、ラベルに印刷された「響」の漢字のデザインが、日本マニアや空きボトルコレクターに、「カッコいい！」という印象を与え、人気を呼んでいるのではないでしょうか。マニアにしかわからない心理ですが、これもれっきとした稼げる商品、日本限定グッズなのです。

(5) 日本メーカー

世界に名が知れている、日本のメーカーを挙げてみましょう。キヤノン、ニコン、オリンパスなどのカメラメーカー、トヨタ、日産、ホンダなどの車メーカー、タニタやオムロンなどの計測器メーカー、ヤマハやカワイなどの楽器メーカーなどなど……。これらもまだまだ、たくさんあります。

今は各日本メーカーも世界に進出しているので、海外でも日本メーカーの商品が買えるようになってきています。ただ、それは最新の商品の場合が多いのです。また、ｅＢａｙは世界１９０カ国以上で利用されているので、まだ日本メーカーが進出していない国や地域もたくさん入っています。海外では販売されていない日本メーカーの商品、それには中古の商品も含めます。これらが日本限定グッズです。

知識 4

仕入れ先は身近なあちこちにある！5つの場所をチェック

日本限定グッズはあなたの身近にあることを、イメージできてきたでしょうか。身近にあれば、仕入れも簡単にできますね。気合いを入れて仕入れに向かうというよりは、日常生活での行動範囲からスタートしてみましょう。

あなたの身の回りにある、次の5つの場所がおすすめです。

(1) 自宅
(2) 実家
(3) コンビニ
(4) リサイクルショップ
(5) ヤフオク、メルカリ

こちらも1つずつ、見ていきましょう。

(1) 自宅

最も身近な自宅で、日本限定グッズを探してみます。例えば、昨日飲んだビールの空き缶。日本のビールだったら、日本限定グッズの可能性があります。

ただ、空き缶は何でも売れるというわけではないので、そのビールの空き缶がｅＢａｙで売れているのか、人気があるのか、調べてみましょう。

調べ方は簡単。ものまねリサーチです。同じ商品を、「日本人セラーが過去に売っているか？」「いくらで売れているか？」売れていたら、それが「稼げる商品」です！　仕入れが０円で完了します！

こんな感じで探していきましょう。ものまねリサーチの具体的なやり方は、次の「知識５　ひらめきキーワードにお宝が眠っている　アイデアは身の回りに無限にある！」で解説します。

(2) 実家

実家には、小さな頃に使っていたものが、たくさん残っていたりしませんか。

例えば、昔遊んでいたキャラクターのおもちゃ。もう使わないけど、捨てずに取っておいたものは、今となっては簡単に手に入りません。レアな日本限定グッズである可能性があります。他にも、こけしや木彫りの熊、お人形なども、実家に飾ってあったりしませんか？　捨てる前にちょっとだけリサーチしてみると、ごみだと思っていたものが思わぬ高額商品になるのは、よくあることなのです。

私の知り合いは、昔読んでいた少女漫画雑誌の付録がものすごい高値で売れているのを知り、ちょうど数カ月前に断捨離で捨ててしまったことを、後悔していました。あなたにも、思い当たることはあるかもしれませんね。

実家を整理整頓する時は、ちょっとひと手間かけて、リサーチしてみませんか。もしも高値で売れている商品ならば、日本マニアに喜んでもらえて、しかもお金になって、実家もスッキリ片付く！　一石三鳥のうれしい現象が起きるのです。

(3) コンビニ

コンビニにも、日本限定グッズがたくさんあります。レジの近くで販売されている、ハズレなし・キャラクターグッズのくじを見たことがありませんか？　くじに書かれている賞に応じて、もらえる賞品が変わってくるのですが、この賞品もeBayでは大人気になっている、日本限定グッズのキャラクター商品です。

　コンビニに行ったついでに、くじを引いてみて、それが仕入れになる！　簡単だし、楽しいですよね。もちろん、人気があるキャラクター商品なのかどうかは、事前にものまねリサーチでチェックしておくことが大切です。

(4) リサイクルショップ

　中古品が多く並んでいるリサイクルショップも、日本限定グッズの宝庫です。例えば、フィルムカメラ。今でも正常に動くカメラだけではなく、いわゆるジャンクと呼ばれる、壊れているもの、動かないもの、カビなどの不具合があるものですら、日本ではありえない高値で売れることも多々あります。

　すでに販売が終了している商品だと、壊れていても修理して使う人がいますし、壊れた商品から部品を取り出したい、という人もいます。キレイなもの、使えるものだけが売れるわけではなく、難があるもの、壊れたものまでも売れてしまう。「稼げる商品」は、探してみるとあちこちで発見できるものなのです。

(5) ヤフオク、メルカリ

たくさんの不用品が販売されている、ヤフオクやメルカリなどのサイトにも、たくさんの日本限定グッズが安価で販売されています。

メルカリは、主婦層が多く利用していることもあり、子どもが使ったおもちゃやキャラクターグッズが、とても安い価格で販売されています。お母さんとしては、家が片付くし、いらない物がお金になるならうれしいということなのでしょうが、それを海外で販売すれば、もっともっと大きなお金に変わることを、知らない人がたくさんいるのです。

ヤフオクは、商品数がものすごくたくさんありますので、おもちゃだけに限らず、フィルムカメラ、景品などの非売品、さらにはコンビニで当たるフィギュアも転売されていることがよくあります。また、商品の回転も速いので、欲しい商品が今ヤフオクに出品されていなくても、しばらくウォッチしていると、「ポン！」と出品されてくるので、そこを見逃さずに仕入れられればＯＫです！

欲しい商品が出品されたことをお知らせしてくれる、「ヤフオクアラート」はとても便利な機能なので、ぜひ活用してみてください。

知識 5

ひらめきキーワードにお宝が眠っているアイデアは身の回りに無限にある！

稼げる商品を探す時は、すでに日本人セラーが売った商品を探す「ものまねり

サーチ」をしましょうとお伝えしました。でも、

「ものまねはわかるけど、具体的にはどうやってリサーチするの？」

と思われるかもしれません。

まず、リサーチする時は「キーワード」を入力します。何か調べ物をする時に、Ｇｏｏｇｌｅやｙａｈｏｏ！　の検索エンジンに、調べたいものに関連するキーワードを入力して、検索をかけますよね。それと同じです。

日本限定グッズを出品するのですから、何と言っても一番初めに思いつくキーワードは、「Ｊａｐａｎ」ですよね。日本限定グッズをリサーチしたいので、検索窓に「Ｊａｐａｎ」と入力して検索しましょう。

すると、ｅＢａｙで売れた商品の中で、商品タイトルに「Ｊａｐａｎ」と書か

れた商品が、リサーチ結果として出てきます。その中から、日本では安く買えるけど、eBayで高く売れている商品を探していきます。

ものまねリサーチで、日本人が売ったものに限定する具体的なやり方は、後述の「知識11　ものまねリサーチを極めよう！　精度を上げる設定の仕方」を参考にしてください。

次に、「Japan」以外のキーワードを考えてみましょう。

キャラクターグッズを探す時は、「pokemon」や「doraemon」などのキャラクター名でリサーチしてみます。メーカー名の「Canon」や「Nikon」、商品名の「kokeshi」や「Shonen Jump」などもいいですね。

まずは、日本限定グッズで思いつくキーワードで、リサーチを進めてみましょう。

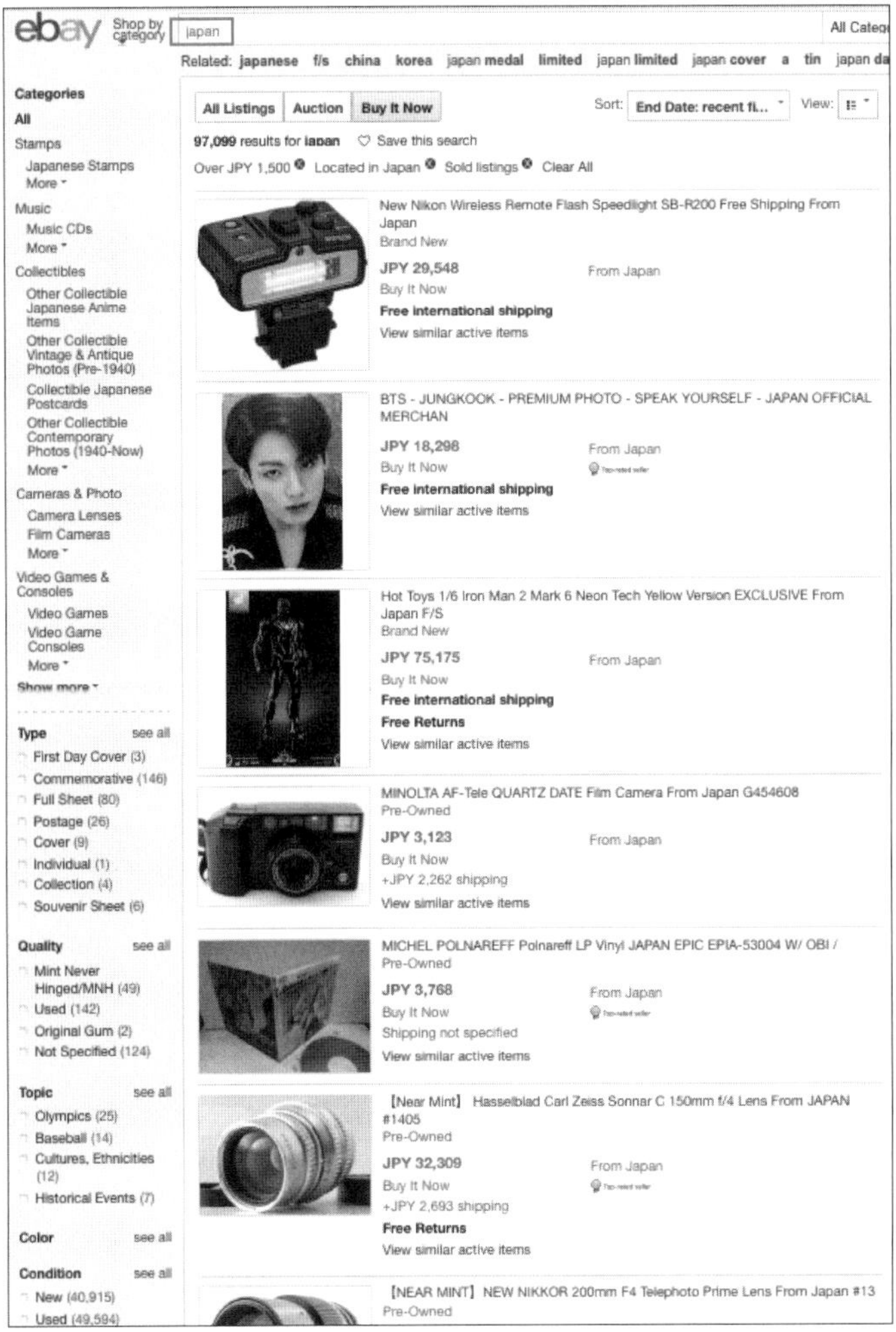

キーワード「Japan」で検索したリサーチ結果の例

でも、その次には必ず、

「キーワードが思いつきません……」

という質問を受けます。

最初は勢いよく思いついたキーワードも、だんだんとネタ切れになってきて、「次は何を調べたらいいのか……」と悩んで止まってしまう人が結構います。

私もそうでした。eBay輸出をスタートしたばかりの頃は、何が売れるのかわからなかったので、ひたすらリサーチを続けました。そうすると、キーワードがだんだんと思いつかなくなって、「うーん、困った。どうしよう……」と悩んでしまったのです。

その時、ちょうど机の上に、近所のお店のポイントカードが置いてあることに気がつきました。それを見て苦し紛れに、「ｃａｒｄ」で検索してみたら、スターバックスのプリペイドカードが思わぬ高値で売れていることがわかり、そこから仕入れをして、しっかり利益を出すことができたのです！

他にも、家に飾ってあったテディベアのぬいぐるみが目に入り、「ｂｅａｒ」で検索してみたところ、木彫りの熊の置物が高値で売れていることを発見できました。「ｂｅａｒ」はテディベアの可愛いイメージだったので、まさか鮭をくわえた木彫りの熊がリサーチ結果で出てくるとは、夢にも思っていませんでした。

それに、日本に長く住んでいる私からすると、北海道土産の定番・鮭をくわえた木彫りの熊は、あまりにも当たり前のありふれた商品で、目新しさはありませんでした。日本限定グッズであるのは確かですが、自分では思いつかないアイテムになっていたのです。

「日本限定グッズのキーワードを！」と意気込むと、いつかネタ切れになってしまいます。でも、はっとひらめいたキーワードや、周りをきょろきょろしてみて、目に入った物を英語にしてみればいいのです。

英語にするのは、Ｇｏｏｇｌｅ翻訳で一発変換です！　それをキーワードに使えば、アイデアが枯渇することはありません。

知識 6

商品説明に英文法は必要なし 英単語でＯＫ！

ｅＢａｙで使う言語は、すべて英語です。あなたが商品を出品する時も、商品の名前と説明を、英語で書かなければいけません。

「英語は苦手……全然わからないので、私にはeBay輸出は無理です!」

そういう人がたくさんいます。もしかしたら、学生時代に英語が苦手で、トラウマになってしまったのかもしれませんね。英文法は覚えにくいし、日常生活では使う機会も少ないし、忘れてしまうのも無理はありません。

でも、eBayで使う英語は、英語の文章ではなく、英単語で大丈夫なのです。だから英文法がわからなくても、カッコいい英語の言い回しができなくても、まったく問題ありません。

英単語であれば、日本語を翻訳サイトやアプリに入力して、ボタンをポチっと押せば、英単語に英訳されますよね! それで十分です。「これならできそう」と思ってもらえましたか?

例えば、中古のポケモンのピンバッチを出品するとしたら、

ポケモン＝pokemon
ピンバッチ＝pin badge
中古＝used
とてもきれい＝very beautiful
傷なし＝no scratches

これくらいの単語を翻訳サイトやアプリで英単語に変換できれば、出品することができます。

バイヤーから英語で問い合わせが来ても大丈夫。問い合わせなどに答える際の、主な定型文を挙げておきます。

定型文は、例えばこんな感じです。思っていたよりも、英語のハードルがぐっと下がるのではないでしょうか。

【挨拶編】

お問い合わせ、ありがとうございます。

→Thank you for inquiry.

お返事お待ちしております、よろしくお願いいたします。

→I wait for your reply. Thank you in advance.

【商品説明編】

中古品ですので、細かい傷や使用感があります。写真でご確認ください。

→As this item is used, there are some scratches and the sign of use on it.Please look at the pictures.

撮影のために開封しましたが、新品で未使用品です。

→I opened the box just for taking pictures, but this item is a brand-new and unused item.

この商品は新品ですが、箱に多少の擦れ傷があります。

→ This item is a brand-new, but there are some scratches on the box.

この商品は１００％正規品です。

→ This item is 100% authentic.

【発送編】

この商品は、追跡番号と保険を付けて発送します。

→ I will ship the item with the tracking number and insurance.

発送は平日のみになります。

→ Shipping is available from Monday to Friday.

発送には3日ほどお時間をいただきます。

→ Please allow me 3 days for shipping after your payment.

商品は厳重に梱包しますので、ご安心ください。

↓I wrap your item very well, so please feel safe.

【支払い編】

値引きはできません。

↓I can not give you any discount.

90ドルまで値引きします。

↓I will reduce the price to $90.

いかがでしょうか。

「こんなに簡単な英語でいいの?」

と、疑問に思われましたか? その答えになる理由は、2つあります。

１つめの理由は、ｅＢａｙは世界１９０カ国以上で利用されていて、私たちと同じように、英語が母国語ではない国の人もたくさんいるからです。

英語で商品の説明をたくさん書いても、意味がわからない人もいるし、意味を間違えて捉えてしまう人も出てきます。そうなると、一生懸命頑張って長い英語の文章を書いても、それがムダになってしまいますよね。

誰でもわかる短い英単語で、その商品の特徴を書いた方が、みんなに正しく伝わる！　カッコいい英語の文章は必要ないのです。

そして２つめの理由は、写真を見ればわかるからです。

ｅＢａｙで出品をする時は、必ず写真を掲載します。インターネットで買い物をするので、商品を手に取ることはできません。どんな商品なのか、中古であればどんな状態であるのか、購入者は写真を見て判断します。

例えば、一口に「傷があります」といっても、どの程度なのか？　まったく気にならない人もいれば、気になる人もいるでしょう。

それも写真を見れば、自分で判断しやすくなります。百聞は一見に如かず。文章で書くよりも、写真の方が正確に伝わります。

そのためには、正面から1枚だけの写真ではなく、後ろから、横から、下から、上から、そしてクローズアップして、など、あらゆる面から写真を撮影することです。それを購入者に見せてあげると、安心して、納得して、商品を買ってもらえるので、より売れやすくなります。

商品の説明は、写真をたくさん撮って、わかりやすい英単語を使う。これなら、英語が苦手な人でも大丈夫ですよね。

では、実際の出品画面の例を見てみましょう。

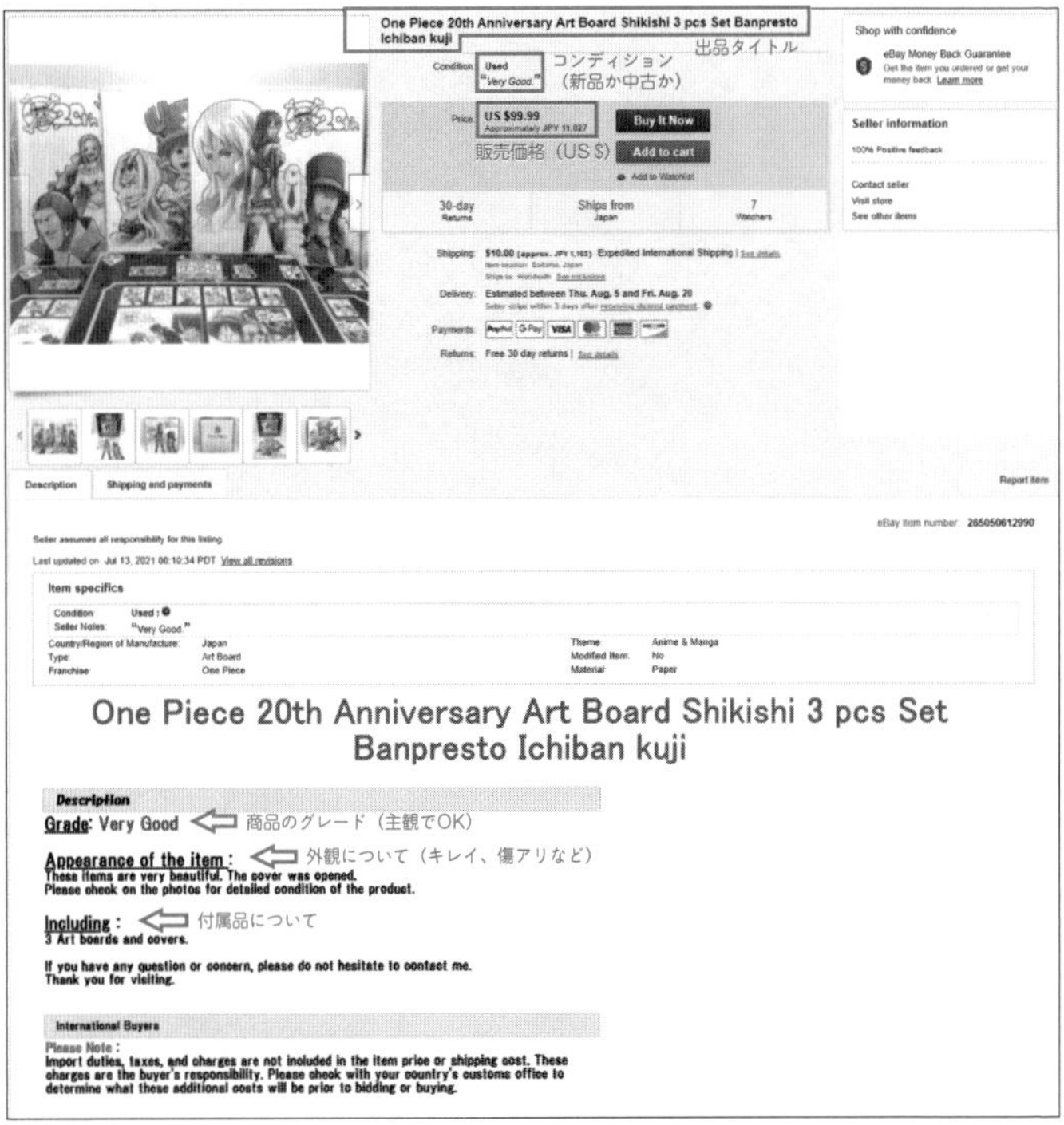
One Piece 20th Anniversary Art Board Shikishi 3 pcs Set Banpresto Ichiban kuji
出品タイトル
Condition: Used "Very Good."
コンディション（新品か中古か）
Price: US $99.99
販売価格（US $）
Buy It Now
Add to cart
30-day Returns
Ships from Japan
7 Watchers
Shop with confidence
eBay Money Back Guarantee
Seller information
Shipping: $10.00 Expedited International Shipping
Delivery: Estimated between Thu. Aug. 5 and Fri. Aug. 20
Payments:
Returns: Free 30 day returns
Description
Shipping and payments
Report item
eBay item number: 265050612990
Seller assumes all responsibility for this listing.
Last updated on Jul 13, 2021 00:10:34 PDT View all revisions
Item specifics
Condition: Used
Seller Notes: "Very Good."
Country/Region of Manufacture: Japan
Type: Art Board
Franchise: One Piece
Theme: Anime & Manga
Modified Item: No
Material: Paper
One Piece 20th Anniversary Art Board Shikishi 3 pcs Set Banpresto Ichiban kuji
Description
Grade: Very Good
商品のグレード（主観でOK）
Appearance of the item :
外観について（キレイ、傷アリなど）
These items are very beautiful. The cover was opened.
Please check on the photos for detailed condition of the product.
Including :
付属品について
3 Art boards and covers.
If you have any question or concern, please do not hesitate to contact me.
Thank you for visiting.
International Buyers
Please Note :
Import duties, taxes, and charges are not included in the item price or shipping cost. These charges are the buyer's responsibility. Please check with your country's customs office to determine what these additional costs will be prior to bidding or buying.

出品画面の例

写真は、いろいろな角度から撮影したものを載せています。出品タイトルには、商品のキーワードを字数いっぱいまで入れてあります。

商品説明は、

・商品のグレード……主観で判断して構いません。日本語でいう、「美品」「並品」程度の判定。
・外観について……商品の外観に傷があったり、スレがあったり、割れていたりする場合は、写真で写しておくだけでなく、注意事項として正直に書いておくと、購入後のトラブルが減ります。もちろん傷がない場合は、とてもきれいであると書いて、商品の価値をアピールします。
・付属品について……掲載する写真には、商品全体を写したものを必ず入れて、かつ付属品は何があるのかも明記しておくと、購入後のトラブルが減ります。

というように書きます。

また、以前はパソコンからしか出品できませんでしたが、スマホアプリの機能が向上し、スマホから写真を直接アップロードしたり、スマホから出品したりできるようになり、ますます出品のハードルは下がりました。

知識 7

写真が命！ 写真がよければライバルよりも高値で売れる

前項の「知識6」で、商品の説明には、写真をたくさん撮ることが必要とお伝えしました。出品する商品を、前から、後ろから、横から、下から、上から、そしてクローズアップしたりして、大体8～12枚の撮影をしてあげると、商品を漏れなく表現することができて、とても親切な出品になります。

実際の商品はなくても、写真を見れば、ほぼわかる。だから、英語の説明は少なくてOK。ここまでは理解できたでしょうか。

この、たくさんの角度から撮影するという方法は、ただ単に1枚の写真を載せるだけよりも、より売れやすくなり、より高く売れるためのコツの1つです。これを知らずに写真を1枚、あるいは少しの枚数しか載せていないと、ライバルより売れにくかったり、また、「届いた商品がイメージと違う!」といったクレームに繋がったりすることもあります。撮影のコツは、ぜひ覚えておいてください。

そして、さらに売れやすく、さらに高く売れるためのコツを、あと2つご紹介します。

1つめのコツは、写真の余白をできる限り少なくすることです。

写真は、四角い枠の中に写したい商品が収まるようにして、シャッターを切ります。ただ、商品が写っていない部分、いわゆる余白の部分がすごく大きい写真を撮ってしまう人が、時々います。これは、とてももったいないですね！　eBayで検索してみると実感できますが、ズラッと出品商品が並ぶ画面では、写真も小さくなります。

当然ながら、出品者はあなただけではありません。他の人が出した商品と一緒に並び、画面に映されることを考えると、あなたに与えられたスペースは限られたものになります。さらに、最近はパソコンではなく、スマホから購入する人がたくさんいます。「スマホは持っていても、パソコンは持っていない」という人も多いのです。そうなると、小さい写真の四角い枠の中で、中心部に小さく商品が写っている状態では、よく見えないということになってきます。

よく見えないから、よくわからない。

←

よくわからないから、買うのはやめよう。

と思われてしまうのです。

だから枠の中を最大限に活用し、余白をできるだけ少なくして、商品を大きく撮影することで、商品の状態を購入者に伝えてあげる。このコツを意識するだけで、写真の出来が大きく違ってきます。

そして2つめのコツは、白背景で撮影するということです。

机の上で商品を撮影したりすると、余計なものが写ってしまうことがあります。例えば、ペンだったり、少し離れたところに置いてあるマグカップだったり。あなたの机の上にも、何か置いてありませんか？　余計なものが写っていると、写真がごちゃごちゃして見にくいだけでなく、「一緒に写っているものも商品なのかな？」と誤解されることがあります。商品の状態を正確に伝えるためには、必要のないものはすべてなくして、撮影しましょう。

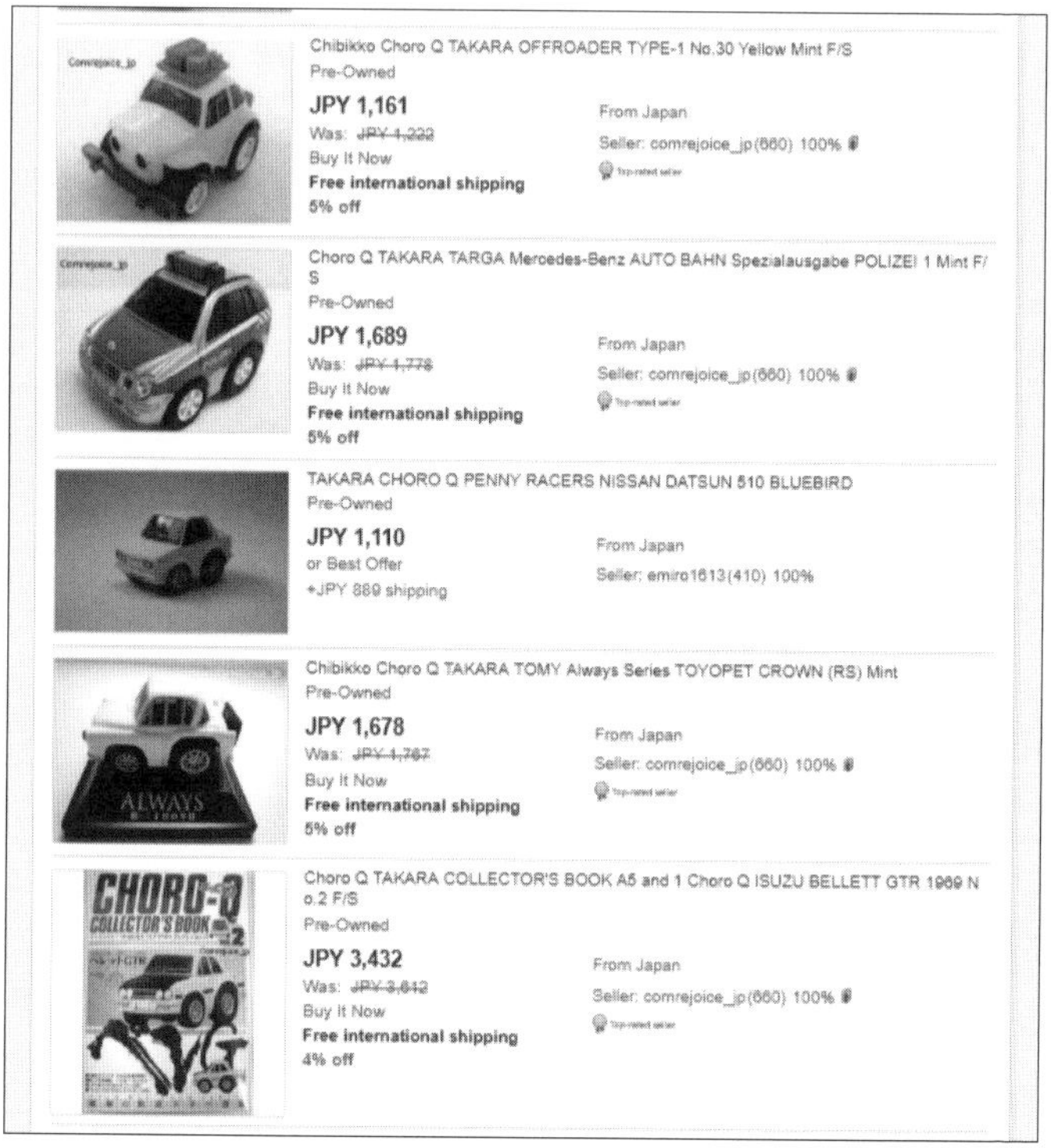

出品されている写真の例

また、背景の色は白がオススメです。商品の色も、写真で確認したい大切な要素です。できるだけ商品の本来の色を見やすく、正確に伝えるには、背景を白くするのが一番です。

なかなか白い背景の場所がない時は、大きめの白い布を用意して、その上で商品を撮影するといいですよ！　また、市販の撮影ボックスもありますから、たくさん撮影をする人は、用意しておくと便利です。

知識 8

相場と需要と供給を見れば、売れる値段が見えてくる

「この商品は、eBayではいくらで売れますか？」

これは、生徒さんからよく質問されることです。

ほとんどの質問には答えられるのですが、この質問の答えは、実は私にもわからないのです。

「えっ⁉」って驚かれるでしょうか。でも、「いつ頃、いくらで売れるのか？」は未来のことなので、正確にはわからないのです。

ありえないほどの高い価格で出品していても、ｅＢａｙを利用している世界の誰か１人に「欲しい！」と思ってもらえれば、売れるということもありえます。

「じゃあ、好きな値段で売っていいのか！」

というと、それでもいいのですが、売れやすい値段＝相場というものがあるので、それを参考に値段を決める。これが売れるための値付けになります。

まず、相場を見てみましょう。売りたい商品をｅＢａｙで探してみます。過去**にどれくらいの価格で売れているのか、その大体の平均値が、その商品の相場になります。**中古品であれば、状態によって相場も変わってきます。

さらに売れやすくするには、需要と供給のバランスも考慮していきます。大丈夫、難しくないので、ご心配なく！　**単に個数をチェックするだけです。**

需要は、どれくらいの人が欲しがっているか。ｅＢａｙで調べられるのは、過去３カ月に売れた商品なので、３カ月間で何個売れているのかを調べましょう。

供給は、どれくらい商品が出回っているか。ｅＢａｙでは、現時点でその商品が何個出品されているのかを調べましょう。

たまに、ありえないくらいの高い値段や、低い値段で売っている人もいます。でも、そういうものはカウントしません。先ほど考えた、「相場」と同じくらいで出品されている個数を調べます。

需要＞供給の場合は、とても売れやすい状態です。こういう時の値付けは、相場と同じか、やや高くても大丈夫。

需要＜供給の場合は、通常よりは売れるのに時間がかかる可能性が高いので、ライバルよりも早く売りたければ、値付けは相場よりやや低いくらいにしてみましょう。

値段は一度決めた後も、いつでも修正が可能です。なかなか売れないなと思った時は、もう一度その商品の「相場」「需要」「供給」を調べてみて、自分の出品した商品が売れやすくなるように、値段を調整してみましょう。こまめな見直しをすると、早く、高く、売れやすくなります。

では、単純に「安ければ売れる」という考えは間違っているのでしょうか？「商品価格は安ければ売れる」、これは間違ってはいませんが、時には不正解になります。

私たちが扱っているのは日本限定グッズで、購入するのは世界の日本マニアです。売れている商品を見ていると、生活必需品ではない物、いわゆる「こんなものなくても生きていけるなー」と思うような、趣味の物が多く出回っています。

欲しければ、それがどんなに高くても欲しいのが、マニアの心理です。逆に相場よりも安すぎると、「これは訳アリ品なのではないか？」「ニセモノなのではないか？」と、疑われて売れにくくなることも、よくあります。

なかなか売れなくて、どんどん価格を下げていったのに、まだ売れない。そんな時に相場を見直して、適正な価格に値段を上げて戻してみたら、「すぐ売れた！」ということも、現実によくあることなのです。

「買う人はどんな気持ちで、この商品を買ってくれるのかな？」

そんなことも考えながら、仕入れや値付けをしてみると、セラーとしてどんどん成長していけるでしょう！

知識

9

発送方法は簡単！住所入力も自動なので、間違える心配なし

「海外へ商品を送るのは、何か特別な契約が必要ですか？」

「関税がかかって、お金がかかるのではないでしょうか？」

私もそうでしたが、海外に向けて物を送ったことがない人は結構いるので、そ

の点を不安に思われるケースはよくあります。

でも、心配無用です。海外向けの発送も、郵便局などから簡単に行えます。

海外向けに郵便局から送る方法として、「SAL便」「ePacket LITE」「ePacket」「EMS」などが、荷物の大きさや届くのにかかる日数、保証金額の違いなどにより、数種類用意されています。以前はすべての商品を郵便局から送っていましたが、新型コロナウイルスの感染拡大によって、海外への航空便の大幅な減便や欠航が続き、約160カ国への郵便局からの配送が一時引き受け停止となりました。

中でも、eBay輸出で一番の取引国となるアメリカへの配送が不可となったことは、驚きとショックで、eBay輸出をしばらくお休みする人も出てきたくらいです。その後、アメリカ宛EMSが再開され、少しずつ以前の状態に戻りつつあります（2021年8月現在）。

しかし、郵便局を利用できなかったことで、ｅＢａｙ輸出の配送の選択肢が増えました！　クーリエと言われるＤＨＬ、ＦｅｄＥｘやＵＰＳなどの民間配送会社を使う方法が加わったのです。個人事業主または法人でｅＢａｙ輸出に取り組んでいる方は、各クーリエと個別に契約することで、正規料金よりも割引した価格で利用できるので、場合によっては今までの郵便局からの配送料よりも安く、そして早く届けることができるようになりました。

実は、コロナ禍の前から各クーリエを利用することはできたのですが、「郵便局があるから」と比較検討しなかった人がほとんどでした。コロナ禍で郵便局が使えなくなったので、クーリエの便利さに気付けたという、何とも逆転の発想でした。

また、個人でｅＢａｙ輸出に取り組んでいる方も、イーベイジャパンが提供しているセラーポータル（１章の「理由４　思い立ったらすぐ始められる　ゼロから販売開始まで１時間以内でスタート」参照）を経由すれば、「ｅＬｏｇｉ（イーロジ)」という配送ツールを利用し、クーリエで海外発送をすることができます。eLogiを使うと、eBayで売れた商品のデータが自動で取り込まれるので、送り先の名前や住所の記入、国によって異なる送付状やインボイスの選択などを自動でしてくれて、とても便利です。使い方は私が動画で紹介していますので、参考にしてください。

https://youtu.be/SRObzbxrlpc

さらには、クロネコヤマトの国際宅急便もeBay輸出で使えるようになりました。国際宅急便は、各地のクロネコヤマトの営業所から、特に契約などしなくても発送できるので、気軽に利用することができます。また、小さくて軽いもの(60サイズ、2kg以内)であれば、郵便局のEMSとほぼ変わらない価格で発送できます。

海外への送料は、重さと送る地域によって値段が変わってきます。「重さ」については、配送会社によって基準が異なり、郵便局は「重さ(g)」によって判断し、クーリエは「重さ（㎏）」と「容積重量（縦㎝×横㎝×高さ㎝／5000）」のどちらか大きい方で判断し、国際宅急便は、「サイズ（縦㎝＋横㎝＋高さ㎝）」と「重さ（㎏）」の大きい方で判断します。

　これらが重くなると送料が高くなるので、できる限り小さく軽くすることが、経費削減のために大切です。また、アジアの国は日本から近いので安く済みますが、アフリカ、南アメリカなどは日本から距離があるので、送料が高くなります。

　送り状の作成には、カンタン便利な「広げて（HIROGETE）」がオススメです。郵便局やクーリエの発送に利用でき、こちらも、送り先の名前や住所が自動で入力された状態で印刷できます。

【広げてサイト】

https://ebay.hirogete.com/

　また、輸出というと関税がかかると思っている方も多いのですが、関税は輸入する側が支払います。ｅＢａｙ輸出でいえば、商品を買ってくれたバイヤーが自分の国で商品を受け取る時に、関税を支払う流れになります。売る側の私たちには、関税を支払う義務はありません。

ヨーロッパなどは関税が高いので、「日本から商品を購入したら、商品価格と同じくらい関税がかかった」という話を聞いたことがあります。たまに、高い関税に頭にきて「関税が高かった！　返品したい！」などのクレームを言ってくるバイヤーがいますが、「関税は購入者の義務」であると、ｅＢａｙのルールでもきちんと明記されています。ですから、この問題についてはクレームを受けても、ｅＢａｙがセラーである私たちを守ってくれます。

また、関税とは別に、ヨーロッパではＶＡＴ（付加価値税）がかかります。また、アメリカでは州によって州税というものがかかります。ちょっと難しいと感じるかもしれませんが、州税とＶＡＴ（１５０ユーロ以下）については、ｅＢａｙがバイヤーから徴収して納めてくれますので、セラーは特に何もやることはありません。

さらに、750ドル以上の商品については、署名オプション（受け取りのサインが必須）を付けることがeBayで義務付けられています。保険、署名や追跡番号のオプションを付けると、その分送料は高くなりますが、発送した商品が輸送中に壊れたり、途中でなくなったりするケースは、国内より確実に多く発生します。そんな時でも追跡番号があれば、商品が途中でなくなった証拠になり、署名オプションがあれば、置き配による盗難事件のリスクがなくなり、そして保険をかけておけば、万一の時の商品代金と送料が後で補償される可能性が高いです。

備えあれば憂いなし！　最初にリスクがわかっていれば、不安なくeBay輸出が始められますね！

知識

10

輸出している人の特典！ 支払った消費税が戻ってくる消費税還付

「消費税還付」という制度を聞いたことがあるでしょうか？ ｅＢａｙに限らず、輸出をしている人には特典といえる、とても大きなメリットです。

国内で商品を購入する時は、消費税（10％、２０２1年8月現在）がかかりますが、輸出取引では、この消費税が免除されます。

消費税は、国内で消費されるものに対してかけられる税金なので、外国で消費されるもの（＝輸出したもの）には課税されません。このしくみを「輸出免税」といいます。

対象となるのは、輸出する商品を仕入れた時に支払った消費税です。例えば1万円の商品を、消費税込みの1万1000円で、国内にて仕入れたとします。これを輸出販売すると、最初に払った消費税の1000円が、申請することで国から還付されて、戻ってくるということです。

毎月約100万円の仕入れをしていると、1年で消費税還付が約120万円になりますから、臨時ボーナスのようです。

仕入れ以外にも、輸出にかかった経費に対しても、輸出免税の対象になるので、これもかなり大きなメリットになります。梱包材などを購入した経費は、還付の対象になるので、レシートより領収書をもらって、保管しておくとよいでしょう。

これは、輸出をやっているからこそ利用できる制度なので、この点からもやはり、「輸出ビジネスは稼ぎやすい」といえるのではないでしょうか。知っている人だけが得をするとは、まさにこのことですね!

知識

11

ものまねリサーチを極めよう！精度を上げる設定の仕方

「知識2」でご紹介した、「ものまねリサーチ」の精度を上げるために、ここでは具体的な設定方法をお伝えします。

ものまねリサーチでは、自分と同じ条件である日本人セラーが売った商品に絞って、リサーチをしていきます。

前述の通り、eBayでは、過去3カ月間に売れた商品をリサーチすることができます。でも、キーワードを入れて検索するだけでは、世界中のセラーが売った商品が検索結果に出てきてしまいます。これからご紹介する設定を入れることで、日本人セラーに限定してみましょう。

(1) eBayの画面を開きます。

https://www.ebay.com/

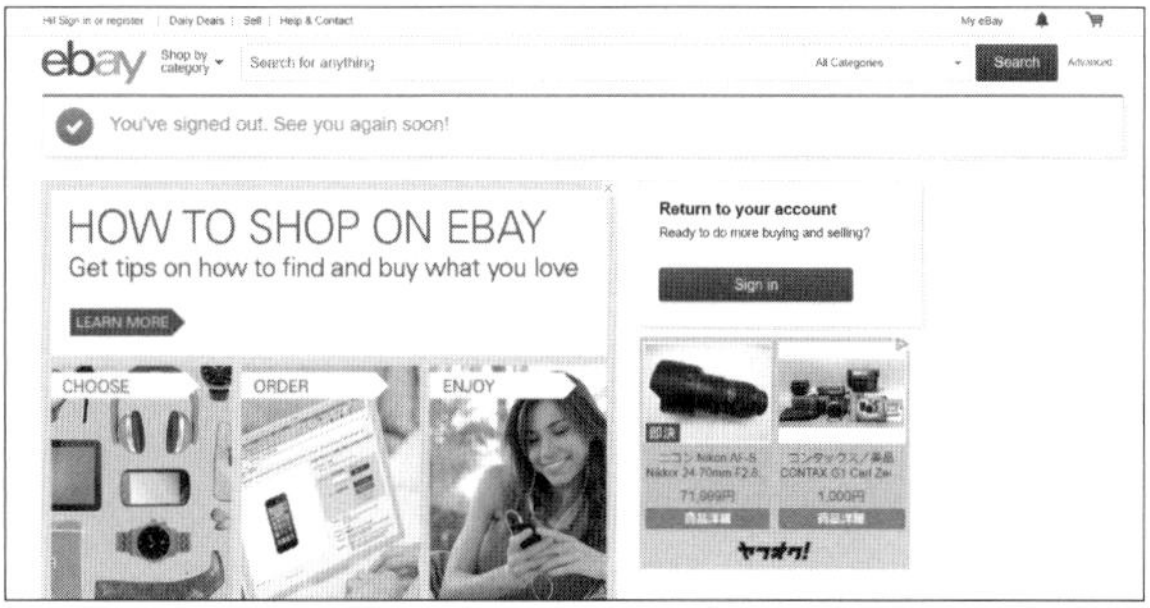

(2) 赤枠の中の「Advanced」

をクリックしてください。

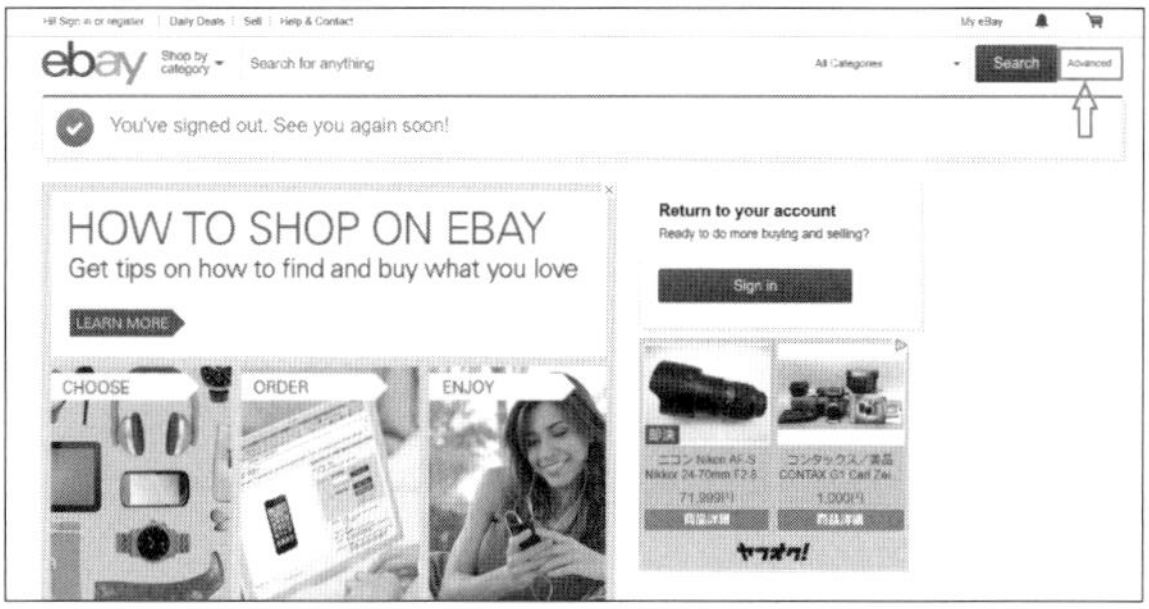

(3) 条件を入力していきます。

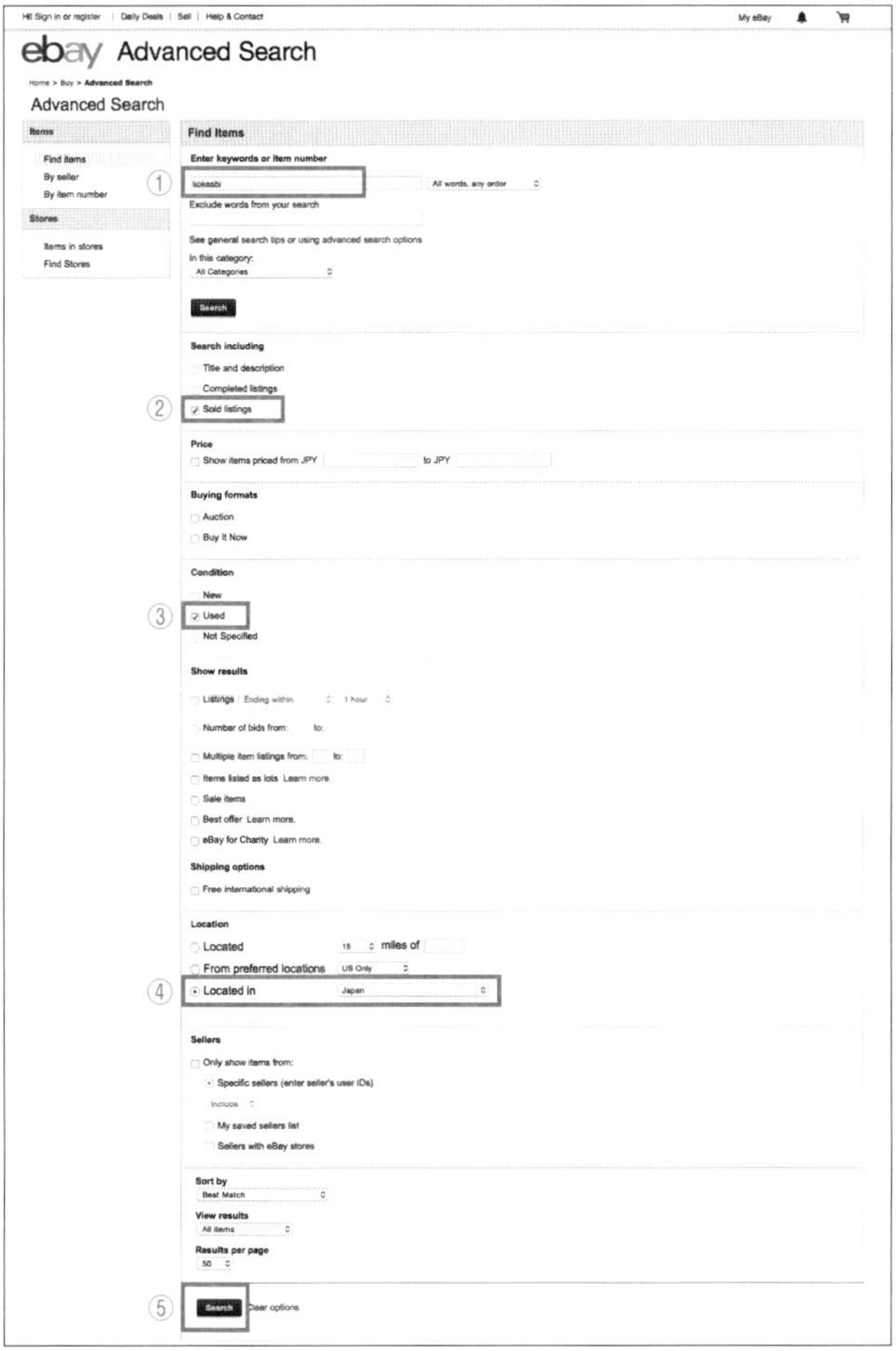

条件入力画面の例

①調べたいキーワードを英語で入力

←

ここでは「kokeshi」と入力しました。

②過去に売れた商品を見たい時は、

←

「Sold listings」にチェックを入れます。

③商品のコンディションを限定したい場合は、

←

新品　↓　New

中古　↓　Used

にチェックを入れましょう。ここでは「Used」にチェックを入れました。

④ここで出品者の国を指定します。

←

「Ｌｏｃａｔｅｄ　ｉｎ」を選んで、プルダウンメニューから「Ｊａｐａｎ」を選択してください。

⑤最後に「Ｓｅａｒｃｈ」をクリックすればＯＫ！

これで、

・キーワード「こけし」で
・過去３カ月間で売れた
・中古品で
・日本人セラーが販売したもの

に限定された、リサーチ結果が出てきます。その中から、日本で安く買える商品を探していけば、ものまねリサーチは完了です。

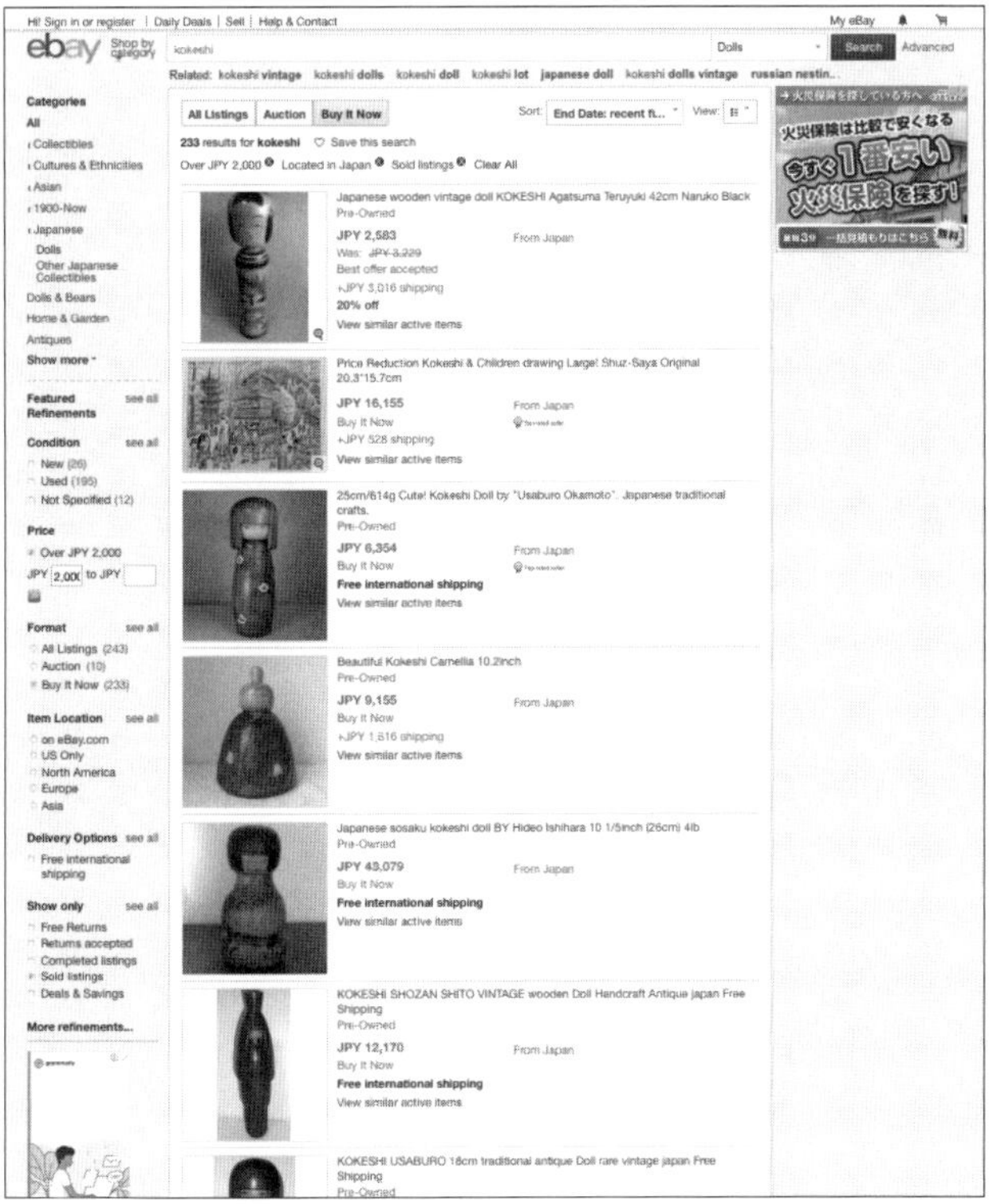
Hi! Sign in or register | Daily Deals | Sell | Help & Contact
My eBay
ebay
Shop by category
kokeshi
Dolls
Search
Advanced
Related: kokeshi vintage kokeshi dolls kokeshi doll kokeshi lot japanese doll kokeshi dolls vintage russian nestin...
Categories
All
Collectibles
Cultures & Ethnicities
Asian
1900-Now
Japanese
Dolls
Other Japanese Collectibles
Dolls & Bears
Home & Garden
Antiques
Show more
Featured Refinements see all
Condition see all
New (26)
Used (195)
Not Specified (12)
Price
Over JPY 2,000
JPY 2,000 to JPY
Format see all
All Listings (243)
Auction (10)
Buy It Now (233)
Item Location see all
on eBay.com
US Only
North America
Europe
Asia
Delivery Options see all
Free international shipping
Show only see all
Free Returns
Returns accepted
Completed listings
Sold listings
Deals & Savings
More refinements...
All Listings
Auction
Buy It Now
Sort: End Date: recent fi...
View:
233 results for kokeshi
Save this search
Over JPY 2,000
Located in Japan
Sold listings
Clear All
Japanese wooden vintage doll KOKESHI Agatsuma Teruyuki 42cm Naruko Black
Pre-Owned
JPY 2,583
From Japan
Was: JPY 3,229
Best offer accepted
+JPY 3,016 shipping
20% off
View similar active items
Price Reduction Kokeshi & Children drawing Large! Shuz-Saya Original 20.3"15.7cm
JPY 16,155
From Japan
Buy It Now
+JPY 528 shipping
View similar active items
25cm/614g Cute! Kokeshi Doll by "Usaburo Okamoto". Japanese traditional crafts.
Pre-Owned
JPY 6,354
From Japan
Buy It Now
Free international shipping
View similar active items
Beautiful Kokeshi Camellia 10.2inch
Pre-Owned
JPY 9,155
From Japan
Buy It Now
+JPY 1,816 shipping
View similar active items
Japanese sosaku kokeshi doll BY Hideo Ishihara 10 1/5inch (26cm) 4lb
Pre-Owned
JPY 43,079
From Japan
Buy It Now
Free international shipping
View similar active items
KOKESHI SHOZAN SHITO VINTAGE wooden Doll Handcraft Antique japan Free Shipping
Pre-Owned
JPY 12,170
From Japan
Buy It Now
Free international shipping
View similar active items
KOKESHI USABURO 18cm traditional antique Doll rare vintage japan Free Shipping
Pre-Owned
火災保険は比較で安くなる
今すぐ1番安い火災保険を探す!
一括見積もりはこちら
無料

リサーチ結果の例

検索にヒットする件数が多すぎる場合は、絞り込みましょう。

①販売価格帯で絞る

高額な商品を売るのは、慣れていないうちはリスクが大きいので、やめておきましょう。最初は大体、50ドル～100ドルくらいの商品から、売り始めてみるのをオススメします。

②複数キーワードで絞る

例えば、「Japan」や「Bandai」のようなビッグキーワード（誰でも思いつきやすい、簡単で検索されることが多いキーワード）で検索すると、検索にヒットする件数が多すぎて、「見にくいなあ」と感じる方もいるでしょう。その場合は、キーワードを複数入れて、より自分が知りたいジャンルを、ピンポイントで探してみましょう。

例えば、「Bandai Pokemon Card」と、3つのキーワードを入力すれば、3つのキーワードがすべてタイトルに入っている販売履歴だけが,ヒットしてきます。キーワードとキーワードの間は、半角スペースです。キーワードの英語のスペルを間違えてしまうと、何もヒットしないことがあるので、ここでも翻訳ソフトを活用してみてください。

価格が黒色で表示されているときは、現在出品中の商品一覧を示し、価格が緑色で表示されているときは、過去3カ月の販売履歴一覧を示しています。

4章

何がいくらで売れている?

リアルな例を見てみよう!

事例1

キャラクターグッズ

人気の品を教えます

少年ジャンプ

$169.98（約1万7647円）

ここからは、実際にeBayで売れた日本限定グッズを見ていきましょう。仕入れはヤフオクやメルカリなどで行うと、効率よく進められます。価格は販売時の為替で換算してあります。

3章の知識1でも挙げた、2021年3・4号と5・6号の『週刊少年ジャンプ』です。「ONE PIECE」の記念特集号なので、特に高値で売れました。仕入れは2冊で600円でした。

なお、どの号でも高く売れるわけではありません。海外でも人気のマンガが大きく掲載された号や、初回や最終回など特別なものは、一気に値段が跳ね上がります。どの号が人気か、わからなくても大丈夫。ものまねリサーチで、過去に高く売れた少年ジャンプを調べ、同じものを販売すればOKです。

CHECK!

2号連続の表紙を合わせると絵が完成する記念号でした。

過去の雑誌も売れますが、表紙が切れたり折れたりしていないか、中にシミなどないか、事前に確認しておきましょう!

ちなみに、「ドラゴンボール」の初回が掲載されている1984年51号の『週刊少年ジャンプ』は、9万円以上の値段で売れています。「ONE PIECE」の初回が掲載されている1997年34号の『週刊少年ジャンプ』は、4万円以上の値段で売れています。

「あの時買っていた少年ジャンプを、捨てずに取っておけば!」と後悔している人も多いのではないでしょうか。

ポケモン指人形100個セット

$89.00（約1万円）

ポケモンのキャラクターグッズは、大人気のカードをはじめ、ゲームソフト、それに関連するケースなどのグッズ、さらにはオフィシャルショップで限定発売されているぬいぐるみやキーホルダーなど、実にたくさんあります。

ここではその中の1つとして、指人形のセットをご紹介します。ポケモンのファンは海外にもたくさんいるので、人気の商品になっています。

日本では、こういったグッズが、ヤフオクやメルカリでたくさん売られています。その中には高額な商品もありますが、よく見ていると、不用品として、「安くても売りたい」という人が必ずいます。

そういう出品者から、良い商品を安く仕入れられるようになると、利益は大きくなっていきます。

キャラクターグッズ

CHECK!

「ポケモンGO」も大ブームになりましたが、こちらも「集めたい!」というマニア、コレクター向けの商品です。100個以上のたくさんの指人形をセットにして売るのが、売れるコツです!

もちろんグッズの状態も大切なので、なるべく保管状態が良く、きれいなものを仕入れるようにしましょう。

指人形シリーズは、ポケモンだけではなく、他のキャラクターもよく売れます。よく売れるのですが、1つだけ難点があります。写真を撮るために100個の商品をきれいに並べるのが、ちょっと大変なのです（笑）。

一番くじ　ドラゴンボールのフィギュア

＄２２２.９９（約２万４６８９円）

コンビニで売っている、くじで当たるキャラクター商品です。

ここで紹介している商品はくじのA賞なので、当たる確率は低いものの、６００円程度でくじを引いて、それが２万４０００円もの値段で売れたら、うれしいですよね！　遊びながら仕入れをする、そんなイメージです。

ちなみに、ドラゴンボールは特に人気がありますが、それ以外にも、「セーラームーン」「ハンターハンター」「ジョジョの奇妙な冒険」「艦隊これくしょん」など、いろいろなキャラクターの商品が一番くじとして販売されていて、ｅＢａｙでも売れています。

人気キャラクターのくじであれば、一番下の賞品でも、原価以上の価格で売れることは多いです。まずはくじを引く前に、リサーチしてみるといいですよ。

キャラクターグッズ

CHECK!

販売時期も期間限定で、当たった人しか手に入らないというところが、コレクターには、「たまらなく欲しい!」と思わせる商品です。自分でコンビニに行ってくじを引くのも、わくわくして面白いと思いますが、一番くじの商品は、実はヤフオクやAmazonでも販売されていたりします。

もちろん商品価格は、くじ1回分よりも高くなっていますが、eBay輸出だと、もっと高く売れるのです! この事実を知ってしまうと、国内で販売してしまうのは、ちょっともったいない気がしてしまいますね。人気キャラクターを調べて、トライしてみましょう。

事例2

世界的ブランドの日本限定品

世界的な知名度と日本限定というギャップを活かす

スターバックスのプリペイドカード

$159.99（約1万7533円）

スターバックスでは、タンブラーやマグカップ、プリペイドカードなどが、季節や場所によって、さまざまなデザインで販売されます。

日本でしか販売されていないデザインを選ぶと、世界中のスターバックスカードのコレクターに、高値で売れるケースが多くあります。年始に発売される干支をデザインしたものや、春に発売される桜のデザインのものなど、ファンは楽しみに待っているので、売れる可能性が高い商品の一つです。

その中でも、プリペイドカードは壊れにくく、そして何よりも軽いので、安い送料で送ることができます。初心者でも安心して販売できる商品です。

他にも、花火のデザイン、主要都市のデザインなど、たくさんあります。特に製造枚数が少なかったものは、あとから値段が上がりやすくなります。どんなものが高く売れているのか、リサーチしてみると面白いですよ。

CHECK!

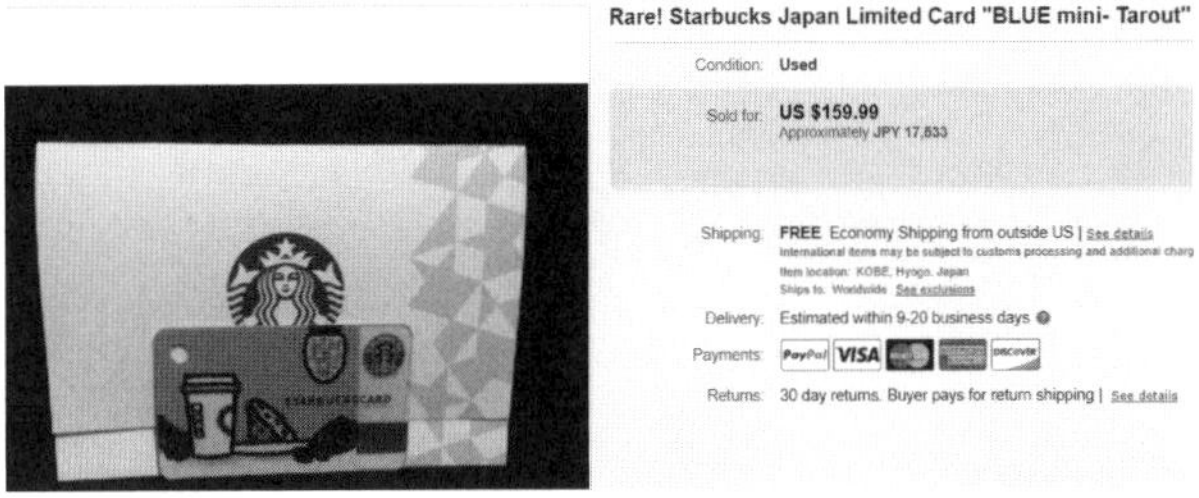

スターバックスのプリペイドカードは、最低1000円チャージした状態で購入します。このチャージした金額は、日本でしか使えないので、eBayで販売するときは、チャージ金が0円でOK！　つまり、1000円チャージして、プリペイドカードを購入→1000円分はスターバックスで自分が商品を購入→使い終わった後、チャージ0円になったカードが高値で売れるということになるので、仕入れ額は実質0円です!

ただし、ひとつ注意点が。裏面のPIN番号を覆っている、シールは削らないようにしてください。ここを削ると、商品価値が下がってしまいます。

ペプシのボトルキャップ　スーパーマリオブラザーズ30個セット

$75.98（約8507円）

世界的に有名なコカ・コーラやペプシが、キャンペーンなどで、景品を付けて、商品を売ることがありますよね。例えば、これはペプシのおまけで付いてきた、スーパーマリオブラザーズのキャラクターがボトルキャップに付いている、30個のシリーズです。販売時期は、2005年です。「当時、集めてたなー」という方もいらっしゃるのではないでしょうか。

　このような商品は、メルカリやヤフオクでも数多く販売されていますが、eBayの方が高く売れる例がほとんどです。日本でしか売っていない商品であれば、それは国内ではなく、海外に販売すると、利益が大きく変わってきますね！

　当時はおまけとして扱われていた非売品は、、後から価値がグンと上がって、高くなることがあります。

世界的ブランドの日本限定品

CHECK!

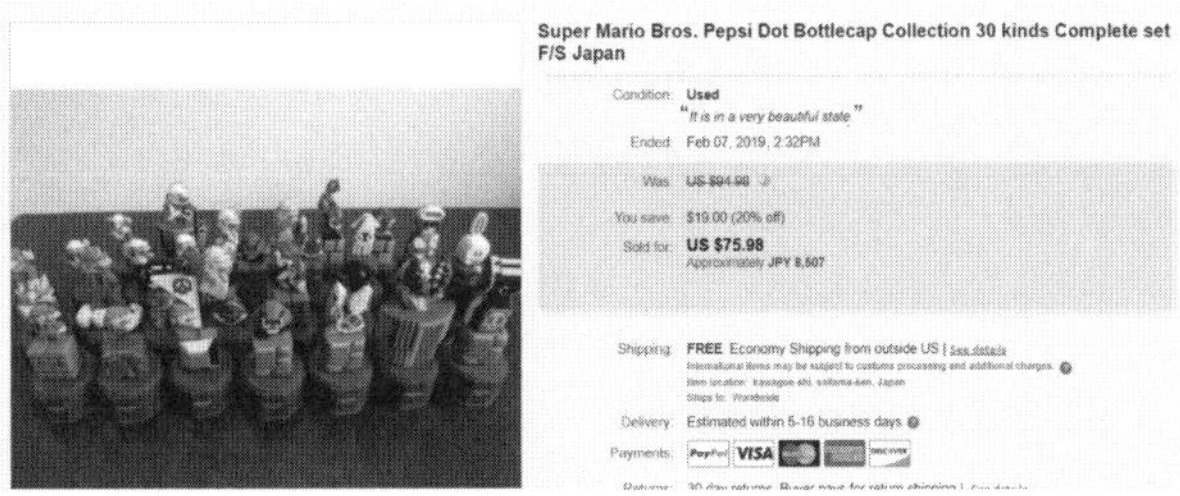

ガシャポンの商品、商品についてくる非売品のおまけ、マクドナルドで売られているハッピーセットの景品などなど……毎回どれがもらえるのかわからない商品は、全種類を集めてコンプリートな状態で販売すると、商品価値が一気に高まります。

自分で全種類集めるのもよいのですが、同じ商品がダブってしまうことがよくあり、集めるのに時間がかかってしまうという難点があります。こういう時は、ヤフオクやメルカリで、全種類揃って販売している商品を、パッと買ってサッと売るのが、オススメです。

事例 3

日本の伝統工芸品

私たちが気づいていない、日本の魅力を発信しよう

木彫りの熊

$59.90（約6686円）

北海道のお土産で有名な、木彫りの熊の置物です。

もし、日本でリサイクルショップに持って行っても、残念ながら高く買い取ってくれることは、まずないでしょう。私たちにとっては、実に見慣れた、ありふれた商品だからです。しかし、日本マニアには、「ぜひ欲しい！」と思われる商品なのです。

リサーチしながら木彫りの熊を研究していると、顔が怖い熊や、迫力がある熊の方が、海外では人気があるようです。日本人との感覚の違いや、どんなものが海外の人に喜ばれるのか……こんなことも考えながら、売れる商品を探すのも面白いですよ。

CHECK!

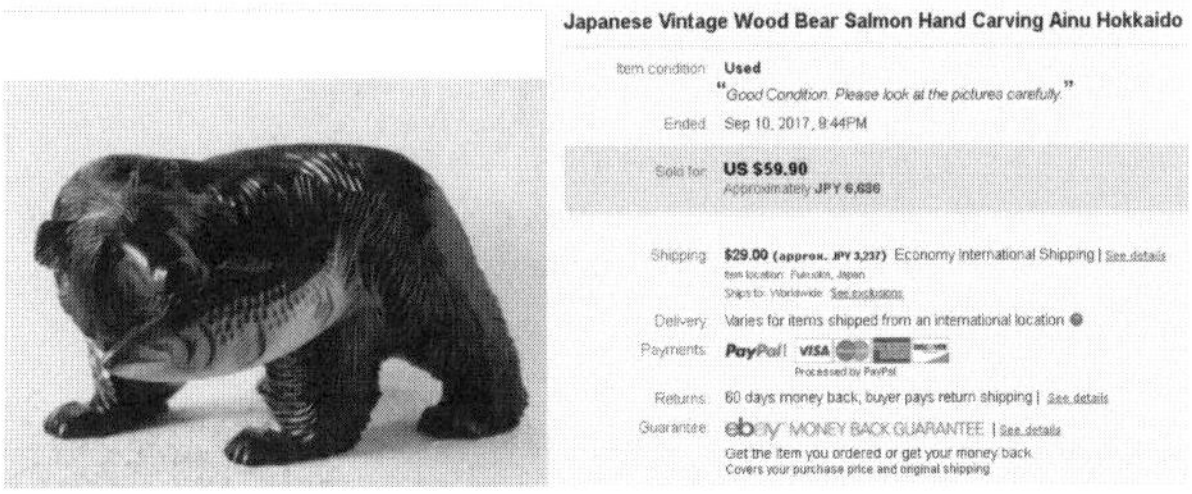

木彫りの人形やこけしは、壊れにくいので発送しやすいのですが、意外と重さがあるので、送料が高くなることがあるのが盲点です。売れてから、「思ってたより送料が高くて、赤字になっちゃった!」なんてことにならないよう、あらかじめ商品を梱包した時の重さを測っておいて、送料が大体どれくらいかかるのかを把握したうえで、赤字にならないような値段設定をしてください。

なお、日本人形は壊れやすいので、厳重に梱包すること。また、ぬいぐるみは箱に入れると、意外と大きくなる場合も。これらも送料を把握しておき、確実に利益が出るようにしましょう。

伝統こけし

$167.00（約1万8640円）

こけしは10万円以上で売れている高いものから、１０００円程度の安いものまで、とてもたくさん売れています。したがって、これはほんの一例です。私にとっては、「改めて見てみると、こけしも可愛いな」と、ｅＢａｙ輸出を始めてから、身近にある日本文化の良さを感じるきっかけを作ってくれた一品です。

古書店街を歩いていると、熱心にこけしや浮世絵を眺めている外国人を、見かけることがあります。彼らが何を見ているのか、観察するのも興味深いですし、自分が忘れていた、気づけなかった日本文化の美しさ、奥深さを知ることができるのも、ｅＢａｙ輸出が教えてくれる大切なことです。

日本の伝統工芸品

CHECK!

こけしは、作品名や作者で、どのようなこけしなのかを判断されることが多く、他の一般的な商品と異なって、型番が存在しません。ですから、どのこけしが売れているかのリサーチにあたり、写真で判断することがほとんどです。

また、写真では実際の大きさがわかりにくいので、サイズを書いておくと、バイヤーにはより親切に感じてもらえ、売れやすくなります。さらに売れやすくするコツは、センチとインチ、キロとポンドのように、複数の単位で大きさや重さを書いておくこと。より多くの国の人にわかりやすくしておくことが、ポイントです。

盆栽の本

$54・99（約6115円）

日本語は、世界に数ある言語の中でも、トップクラスの難しさといわれます。海外で、広く話されているわけでもありませんよね。

ですから、日本語の本は、海外の多くの人には読めないかもしれません。でも、「それじゃあ、日本の本は売れないのか……」と諦めるのは早いですよ！

例えば、ここで紹介する本のように、写真が多い本であれば、売れやすい傾向があります。他にも、人気作家のアートブックや、空手などの武術の本、マンガの書き方の本など、言葉が読めなくても、写真やイラストから何となく内容がわかる本であれば、新品でも中古品でも売れています。

壊れにくく送りやすいので、まずは古本からｅＢａｙ輸出を始めてみるのも、オススメです。

CHECK!

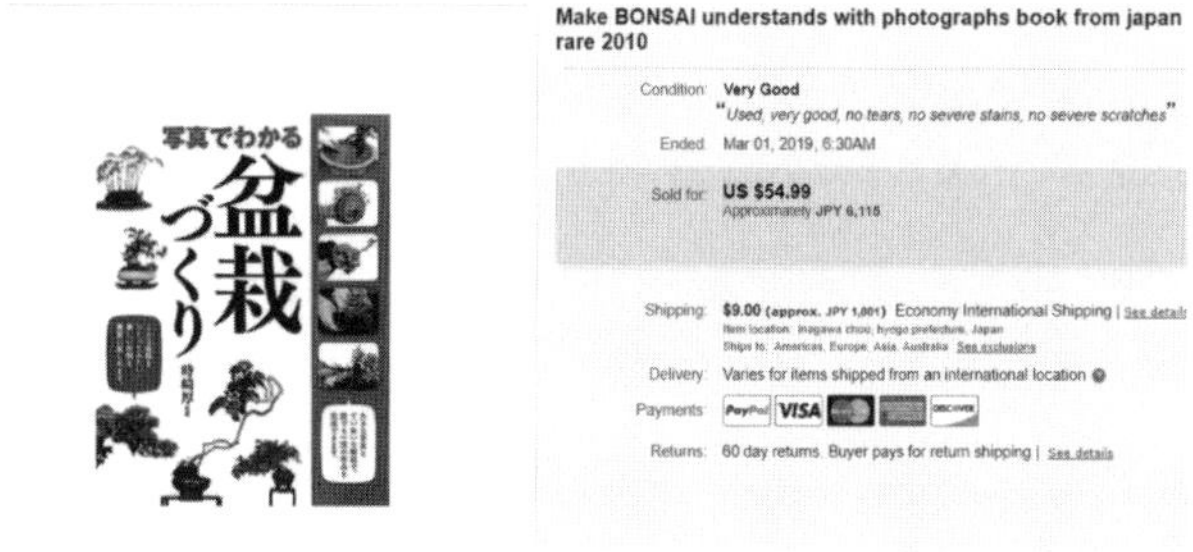

日本語の本もたくさん売れていますし、日本語を勉強するための教科書も売れています。海外の方が日本に興味をもってくれることは、うれしいですね!

本を出品する場合は、必ず「日本語で書かれていること」を、タイトルや商品説明に入れておきましょう。タイトルに「Japanese」や「from Japan」と書き、商品説明には「Language : Japanese」と書いておけば、OKです。

なお、商品のマニュアルや、カメラなどの操作画面の言語についても、日本語しかない場合は、その旨をちゃんと書いておくと、後からのトラブルがなくなります。

事例4

空き容器

限定ものを抑えるべし

サントリーモルツ
イチローデザイン缶6本
$39.99（約4494円）

空き容器なので、中のビールは入っていません。あなたが美味しく飲んでしまって、ＯＫ！

ごく普通に、缶のプルトップを開けて飲んでもよいですし、こだわる人であれば、缶の下部に小さな穴を開けて、中身のビールを出した上で出品していることもあります。

普通の缶ビールよりも、限定デザインの方が売れるので、どんな空き缶がｅＢａｙで売れているのかを調べておいて、飲んだ空き缶を捨てずに、ｅＢａｙで輸出する！

飲み物代よりも稼げてしまう、不思議でお得なビジネスです。ビールを飲むことが仕入れになれば、ビール好きのお父さんにはうれしいことですね！

CHECK!

お中元やお歳暮の時期などに、デザイン缶のビールセットが販売されます。箱に入った状態で空き缶を出品すると、さらに高く売れています。ビールだけでなく、缶コーヒーやペットボトルのジュースでも、期間限定のデザイン商品は販売されています。コンビニやスーパーの飲料コーナーを、ぜひ意識して見てみてください。

私のスクールの生徒さんが出品した、エビアンのディズニーデザインの空きペットボトルは、フランス人が買ってくれました! エビアンの本場はフランスですが、フランス人がエビアンの限定デザインボトルを欲しがるなんて、おもしろいですね。

ウイスキー「響」の空きボトル

$84.00（約9490円）／$259.00（約2万8803円）

何度も話に登場しているウイスキー「響」の空きボトルは、１本大体３０００円くらいで売れています。さらに限定商品で、箱に入ったものであれば、１本２万８０００円くらいで売れているものもあります。

ｅＢａｙで「ｅｍｐｔｙ　ｂｏｔｔｌｅ（空き瓶）」で検索してみると、「響」のボトル以外にも、「山崎」や「白州」、他にも海外のお酒やワインのボトル、日本酒の瓶なども売れていて、さらに驚きますよ。

「こんなに高く売れると知っていたら、資源ごみの日に捨てなかったのに‼」と泣いて悔しがる人も多いのではないでしょうか（笑）。

でも、今からでも遅くはありません。「思い立ったが吉日！」を合言葉に、ｅＢａｙ輸出を始めましょう。まだまだ身の回りに、あなたが気付いていないお宝商品が、たくさんあります。

CHECK!

ウイスキー「響」は、eBayで日本人が売っている空きボトルの中で、一番の人気商品です。中身のお酒は入っていないので、ビンのデザインやラベルを気に入った海外の人が、購入しているのではないでしょうか。漢字ブームもあり、「響」の漢字の形状が、「カッコいい!」と思われているのかもしれませんね。

スターバックスのプリンの空き容器
$199.00（約2万1746円）

世界的ブランドの日本限定グッズにもあてはまりますが、スタバで販売しているプリンの空き容器を、集めて売ってみました。味によって色やデザインが異なり、たくさんの種類を集めたセットです。

自分で食べて集めるのが大変だったので、実はメルカリでまとめて販売している方から、１２００円で仕入れをしました。それがｅＢａｙでは2万円以上で売れるのですから、なんだかメルカリで売ってくれた方に申し訳ない気持ちに……。でも、これが情報の差ですね。

商品価値が高いところを知って、そこで売る。これが大きく稼ぐためのポイントです。ちなみにスタバのプリンは、韓国から始まって、日本に上陸したそう。世界中で販売されているわけではありません。韓国デザインと日本デザインは違うようなので、やはりこれも日本限定グッズになりますね！

空き容器

CHECK!

これをメルカリで販売していた人も、空き容器がお金になるならラッキーと思っていたでしょう。でも、eBay輸出という手段を知っていたら、10倍以上の価格で売ることができたのに……。もちろん、逆のパターンで、海外よりも国内の方が高く売れる商品もあります。その場合は、eBayで購入して、メルカリやヤフオクで販売すればいいですね。

物販の成功のコツは、需要があるところ＝高く売れるところで売ることです。そのためにも、選択肢をたくさん持っておくことは大事です。この本を読んでくれている方には、eBayという強力な選択肢が１つ増えましたね！

事例 5

日本メーカー

日本ブランドの底力、本領発揮!

セガ　セガサターン

$195.00（約2万1686円）

日本のテレビゲームは、世界中で大人気ですよね。次々と最新機種が発売されて、画像は美しく、そしてゲーム自体も高度になってきています。

そんな時代の流れに逆行するように、ｅＢａｙではレトロなゲームが、人気商品として売れています。日本ではもう誰も遊んでいないようなゲーム機は、日本で不用品として売るよりも、海外の方がずっと高く売れます。

昔懐かしいゲーム機、「セガサターン」も、例外ではありません。箱に入った状態であれば、このように2万円以上で売れているので、まずは「実家の押し入れに眠っていないかな……」と探してみてください。

実家は宝の山。お宝を探す時は、「懐かしいなあ～」と見入ってしまうことなく、手を動かしてくださいね！

CHECK!

　昔のゲーム機は、白黒だったゲームウォッチから、テレビゲーム、たまごっちのような携帯型ゲームなど、さまざまな商品が売れています。
「商品説明はどうやって書けばいいんだろう?」と心配になる方もいるかもしれませんが、昔のゲームを欲しい人たちは、ほとんどが「日本マニア」です。商品については、私たちより知識がある人の方が多いですから、必要ありません。使い方も遊び方も、説明しなくてもちゃんと知っています。
　私たちが伝えてあげることは、「今でもちゃんと動くかどうか」「付属品は何があるか」、これだけでOKなのです。

ニコンFM2N カメラ

$419.00（約4万6597円）

カメラは人気カテゴリーで、特にフィルムカメラがよく売れます。ただし中古品は、「正常に動くか」「不具合はないか」「付属品は揃っているか」などの検品を、しっかりと行う必要があります。

特にカメラなどは、専門知識がないと検品が難しいので、責任をもって販売するためには、しっかりと勉強をする必要があります。私もeBayを始めて7カ月目に月収100万円を達成した時は、中古カメラを専門に扱っていました。そのために、カメラの検品方法や知識も勉強しました。

長くビジネスを続けるためには、1つひとつの工程について、責任をもってしっかりとやること。これが必要になってきます。楽しみながら、でも責任をもって、お客様のために作業することを、心がけましょう！

日本メーカー

CHECK!

カメラの検品方法は、使用説明書などで使い方を学ぶ他に、YouTubeなどでも調べることができます。

カメラといっても、カメラボディといわれる本体だけではなく、カメラに取り付けるレンズ、ファインダー、アダプター。そしてカメラアクセサリーの、フィルムバック、モータードライブ、グリップ、レンズフード、ケース、フィルター、ストラップ……などなど、挙げたらキリがないくらい、カメラジャンルにはたくさんの商品が、幅広い価格帯で販売されていて、とてもよく売れています。検品が必要のない商品もあるので、自分にできそうな商品から始めてみるといいですね。

ユニクロ コラボデザインTシャツ

$90.00（約1万143円）

日本のファストファッションの代名詞ともいえる、ユニクロも世界的に大人気ですね！　世界にもユニクロの店舗はありますが、やはりその中でも、販売されている地域が限られているグッズが存在します。

一番わかりやすいのは、コラボ商品です。テニスの錦織圭選手とのコラボ、少年ジャンプのキャラクターとのコラボ、デザイナーの村上隆氏とドラえもんとのコラボも、人気でした。新商品をチェックしておくと、いち早くコラボ商品の情報も入手できます。自分が気になるブランドの商品は常にチェックしておくと、他の人より一歩先に販売することができますね。

ここで紹介している商品は、人気芸術家・草間彌生さんとの、コラボデザインTシャツです。販売当時の日本での定価よりも、ｅＢａｙでは高く売れています。

日本メーカー

CHECK!

eBayは世界190カ国以上で利用されているので、南半球と北半球とで季節が違うこと、また、服のサイズは、一般的には外国人は日本人よりも大きいことなども、頭に入れておきましょう。日本で売れ残っているXLサイズは、eBayでは割と売れている傾向があるので、そういうものを狙ってみるのも面白いですね。

テニスなどのスポーツ選手とコラボした商品は人気ですが、やはりその選手が活躍した後は、いつも以上に商品が売れます。eBay輸出をきっかけに、世界のニュースにも関心が深まるようになったら、より楽しくなってきますね。

5章

今日からできる宝探し！

日本限定グッズの探し方

eBayで売れている商品の実例を見て、あなたの身の回りに、たくさんの日本限定グッズがあることを知ってもらえたでしょうか。

日本限定グッズは、今日からできる宝探しです！　まずは一番簡単なところから、始めてみましょう。

レベル 1

食べて、飲んで、捨てるはずの空き容器を売ろう！

空き容器が売れるならば、いつも食べているもの、飲んでいるものを、売れる容器の商品に変えてみるのはどうでしょうか？

売れる空き容器の探し方には、ポイントが3つあります。

1．日本でしか販売していない
2．キャラクターやブランドとコラボしたデザイン
3．季節限定デザインやイベント記念デザイン

この3つを意識して、缶ビール、缶コーヒー、ペットボトルに入ったジュースのような、コンビニやスーパーに並んでいる商品を見てみてください。

実践事例 1

ジョージア缶コーヒー

週刊少年ジャンプキャラクターコラボ缶

CHECK!

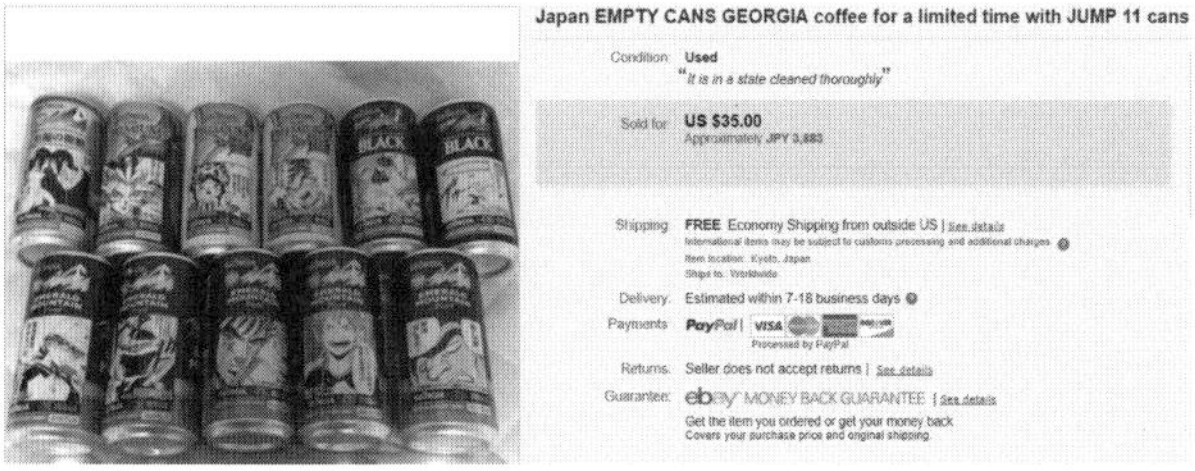

　コラボ缶は、ビールやコーヒーなどのさまざまなものが、期間限定で発売されます。スーパーやコンビニで意識して見るようになると、「こんなにたくさんあるんだ!」と驚くことでしょう。

　少年ジャンプのキャラクターは、海外でもとても人気があるので、期間限定で日本でしか手に入らないキャラクターグッズとして、eBayでも売れるのはカンタンに予想できます。種類がたくさんあるものは、全部揃えてコンプリートさせると、さらにコレクターの心を掴んで、高く売れる傾向があります。

実践事例 2

レッドブル

ホンダF1コラボ缶

CHECK!

空き缶をいくらで売るか悩んだら、日本人が売っている同じ商品の価格を参考にします。同じ商品がなければ、まだ相場ができていないので、好きな価格で出品してみましょう。

出品し、商品詳細がクリックされると、"view" の数が増え、購入を検討中の人の数は "watch" の数でわかります（出品者が見られる情報です）。あまりに "view" や "watch" が少ない場合は、世間の人が買いたいと思う価格より、付けた価格が高すぎる可能性が考えられるので、その時は少し値下げして、様子を見ます。出品にまつわる情報は、いつでも修正できるので、まずは悩まず出品してみてください!

実践事例3

ドクターペッパー

空きペットボトル

CHECK!

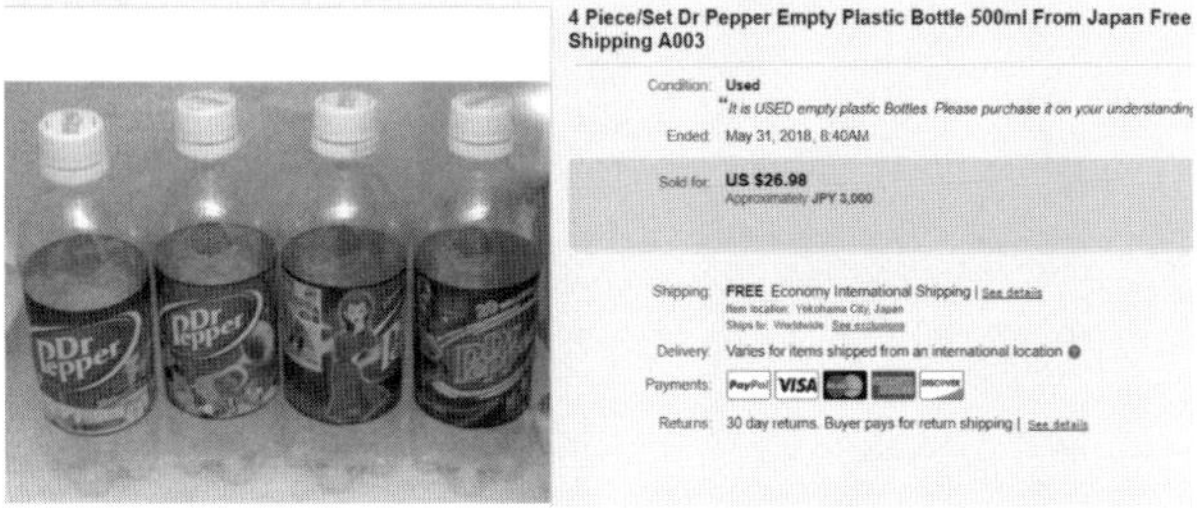

缶だけでなく、ペットボトルにもコラボ商品はたくさんあります。ペットボトルの周りに貼ってある、ラミネートの部分のデザインがポイントです。この場合も、複数の種類が同時に販売されることが多いので、できるだけ全種類集めて、コンプリート商品として販売する方が、より高く売れやすくなります。

コンビニやスーパーでも仕入れることができますが、どうしても全種類揃えられないときは、メルカリやヤフオクで探してみるといいですよ。全種類コンプリートした商品が売られていることが、実は結構よくあります。

レベル 2

実家に眠っているお宝を発掘する

あなたが子どもの頃に遊んでいたゲームやおもちゃは、まだ実家に残っていないでしょうか？　日本マニアが喜びそうな、日本の伝統工芸品はありませんか？捨ててしまう前に、お宝を発掘してみましょう！

買ったものだけとは限りません。小さな頃に集めていた、おまけのシールやカードはありませんか？　ガシャポンで集めたフィギュアなども、eBayではレア商品として、高く売れることがよくあります。

売れるおもちゃのポイントは、3つあります。

1. 人気のキャラクター商品である
2. すでに販売終了している
3. 現在も正常に動く、使える

という点です。

売れる伝統工芸品の探し方は、

1. 海外に発送しても壊れにくい
2. 日本らしさがわかりやすい
3. できるだけ軽い

といった点が大切になってきます。

これらを意識して、実家や自宅にある不用品を見直してみましょう！

実践事例 4

招き猫の貯金箱

CHECK!

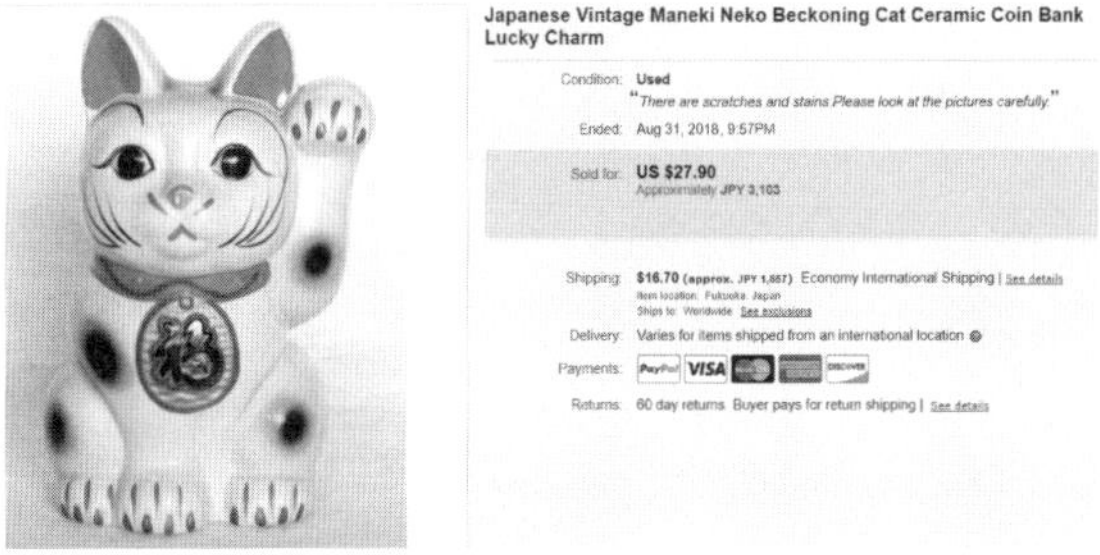

ここでは貯金箱を例に挙げましたが、招き猫はいろいろな種類のものが出回っています。例えば、大きなものから小さなものまで、いろいろな大きさがある置物だったり、キーホルダーの類いだったり、招き猫とキティちゃんといったコラボ商品だったり。時間の経過を感じさせる中古品から、新品まで、さまざまな商品が幅広く売れています。

招き猫は「lucky cat」や「welcome cat」などと呼ばれて、外国人が買う日本からのお土産として人気があります。木彫りの熊同様、日本人にはお馴染みの存在ゆえ、気がつきにくい商品かもしませんね。

実践事例 5

キティちゃんのポラロイドカメラ

CHECK!

キティちゃんのポラロイドカメラは、何年も前からずっと売れ続けている、人気商品です。ポラロイドは、チェキなどの新しい商品も発売されていて、キティちゃんとのコラボ商品もあるのですが、あえてこのレトロな感じがウケているようです。

このような商品は、正常に使えること、付属品ができるだけ揃っていること、傷が少ないことなどで、値段が変わってきます。できるだけキレイで、付属品が揃っているもの、特に専用のケースがついているものは人気がありますので、チェックしてみてください。

実践事例 6

任天堂ゲームボーイミクロ

ファミコンカラー

CHECK!

子どもの頃に夢中になって遊んだ人も、多いのではないでしょうか。日本の家庭用ゲーム機は、古いものでもまだまだ世界中で需要があります。今のゲームと比べると、画面が白黒だったり、動きが単調だったり、ぎこちなかったりするので、「どうして、わざわざ古いゲームが欲しいのかな?」と思う人もいるかもしれません。

しかし、「あえてレトロな商品が欲しい!」というコレクターは、世界中にたくさんいるのです。昔遊んだゲーム機やゲームソフトは、日本で売るよりもeBayで海外に売る方が高く売れますから、ぜひ探してみてください。

レベル 3

遊びながら稼ぐ！理想スタイルの宝探し

映画を見に行ったり、テーマパークへ遊びに行ったり、イベントやコンサートを見に行ったりと、普段のお出かけや遊びの中でも、宝探しはできてしまいます！

3章で紹介した、「カラーバス効果」を覚えていますか？　意識していると、そのことに関するものが、無意識に目に入ってきます。

「日本限定グッズはないかな？」
「稼げる商品はないかな？」

いつも意識しておくと、遊びながら稼ぐという、理想的なスタイルも実現できます。

遊びながら手に入れられる、売れる商品のポイントは、

1. 非売品や景品で、一般的に入手しにくい
2. 海外でも人気のキャラクター商品である
3. 期間限定や場所限定

の3つです。

この3つを意識して、遊びに行った場所で、売店や販売ブースをのぞいてみてください。

実践事例 7

映画「ボスベイビー」の非売品ストラップとステッカー

CHECK!

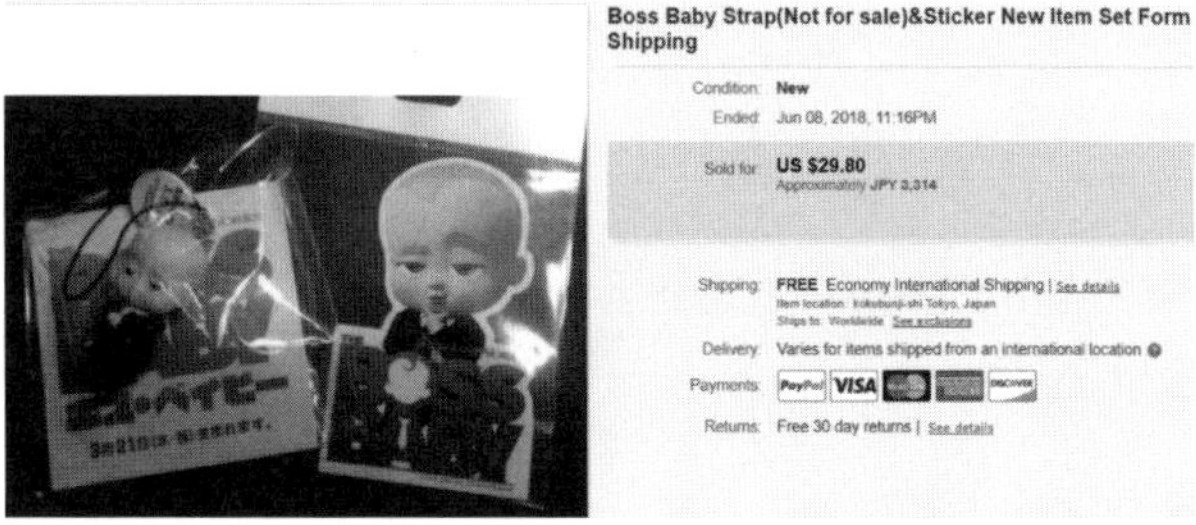

　映画を実際に見に行った人しかもらえないもの、前売り券を買った人しかもらえないもの、先着1,000名だけがもらえるものなど、0円で手に入れたものでも、限定グッズであれば、高く売れることはよくあります。

　このような商品も、自分で非売品を0円で手に入れるのはもちろん、ヤフオクやメルカリなどで探してみると、売っている人を度々見かけます。調べてみると、eBayの方が倍以上の価格で売れるという事態はめずらしくないので、「ヤフオクやメルカリで安く仕入れて、eBayで高く売る」ことを実践してみてください。

実践事例 8

ドラえもん展のコラボパズル

CHECK!

ドラえもんも、世界的に大人気のキャラクターです。この商品は、東京・六本木の期間限定で開催されたドラえもん展にて、会場の販売ブースでのみ購入できるパズルでした。入場料を払って、会場に行かないと買えない商品です。会場に行くための時間とお金がかかりますから、「行けないけど、グッズが欲しい!」と思うコレクターは、定価より高くても買いますね。

日本に住んでいる人よりも、海外に住んでいる人の方がより手に入れにくい商品になるので、こういう商品は、eBayで高く売れる可能性がとても高いです。

実践事例 9

ユニバーサルスタジオジャパン限定
エヴァンゲリオンポップコーンケース

CHECK!

　テーマパーク限定で販売している商品も、とても人気です。ポップコーンケースは、使っていない新品はもちろん、一度使ったものもキレイに洗えば売ることができるので、まさに遊びながら仕入れができて、一石二鳥です！　ポップコーンケースをeBayでリサーチしてみると、キャラクターをあしらったケースが、たくさん売れていることがわかると思います。

　また、「USJ」などのテーマパーク名をeBayでリサーチしてみると、他にどのようなパーク限定商品が売れているのかもわかります。クリスマスやハロウィンなど、行く時期によって買える商品が異なってくるので、毎回楽しめますね。

レベル

4

リサイクルショップで「安売りボックス」を調べる

中古品がたくさん集まっているリサイクルショップは、宝の山です。

ショーケースに並べられた商品もよいのですが、狙うのは、もっと安い商品。リサイクルショップではよく、青いプラスチックボックスの中に、ガサっと商品が入れられています。実はこの中に、ｅＢａｙでは高く売れる商品が、埋もれていることがあります。

青いプラスチックボックスは、宝箱なのです。リサイクルショップで売れる商品を探す時は、

1．日本メーカーの商品をチェック
2．人気がある商品は、壊れていても売れることがある
3．スマホでｅＢａｙの販売履歴を調べてみる

という３つの点を、頭に入れておきましょう。

リサイクルショップにある商品は膨大すぎるので、どれが稼げる商品であるのかを見極めるには、ものまねリサーチが有効です。スマホでもｅＢａｙのリサーチをすれば、レベル４も楽々達成です！

スマホリサーチ用には、ｅＢａｙのアプリがありますので、それを使うと便利です。Ａｐｐ　ＳｔｏｒｅやＧｏｏｇｌｅ　Ｐｌａｙで入手できます。

実践事例10

壊れたジャンクカメラ

CHECK!

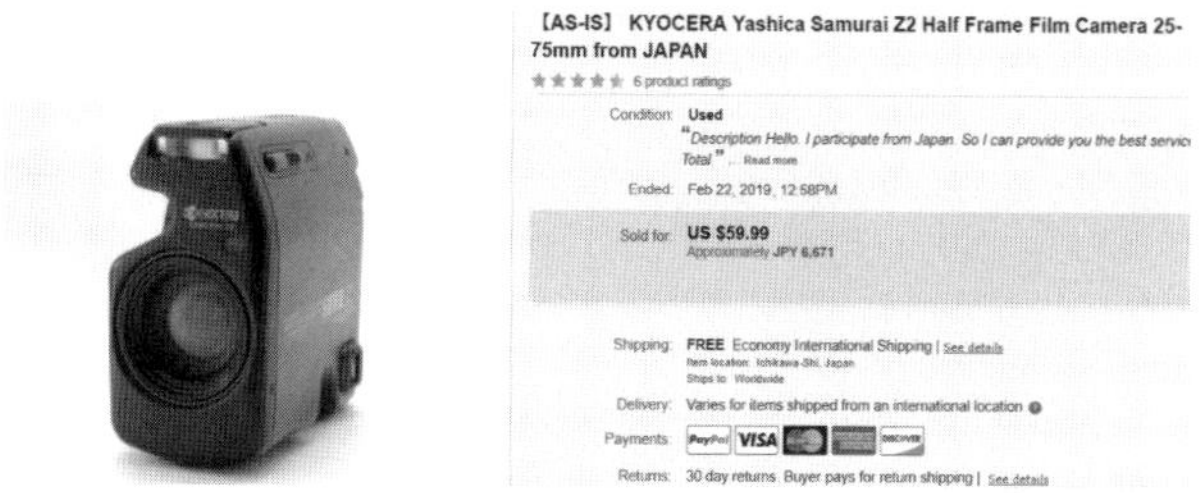

壊れたジャンク品でも売れる例として、わかりやすいのがカメラです。カメラを使っていて、「ネジが外れてなくなってしまった」「カバーが割れてしまった」「傷がたくさんついている」など、修理が必要になることがあります。しかし、すでに販売終了になっている商品は、その部品を新たに買うことがとても難しくなります。その時に役立つのがジャンク品で、壊れている商品から部品だけを取り出し、修理に使うのです。

出品するときは、「AS IS（現状品）」または「For Parts（部品取り用）」と商品タイトルに書いて、商品が正常に動かないことを明確にすると、後からのトラブルが少なくなります。

実践事例11

ヤマハ
ミュージックシーケンサー

CHECK!

楽器もよく売れるカテゴリーです。代表的なのはギターですが、大きいので、送るのが少し難しいかもしれません。もっと簡単に、海外に発送できるものがたくさんあるので、まずはそこからチャレンジしてみることをオススメします。

ミュージックシーケンサーも人気商品の一つで、ヤマハは日本を代表するメーカーです。他にも人気の品があるので、「ヤマハの商品は何が売れているのかな?」とリサーチしてみてください。日本らしい楽器として、大正琴や竹笛なども売れていて、「日本の伝統文化は、こんなに世界に広がっているのか!」と実感できて面白いです。

レベル
5
ネット仕入れで24時間どこでも収入が生み出せる

レベル1～レベル4までの仕入れができるようになったら、最後のレベル5では、ネットを使った仕入れをやってみましょう。

インターネットで仕入れができれば、いつでも、どこでも、仕入れをすることができて、そして収入を生み出すことができるようになります。

仕入れ先はたくさんあります。例えば、

・ヤフオク、メルカリ、ラクマなどの、ネットオークションサイト
・Amazon、楽天、Yahoo!ショッピングなどの、ネットショッピング

サイト

・ヨドバシネット、キタムラネットなどの、専門店のネットショップ

その他でも、今はネットショップを運営しているお店がたくさんあります。これらの中から、ｅＢａｙで稼げる商品を探して、仕入れをしてみましょう。

ネット仕入れで売れる商品を探す時は、次の３つの点を心がけましょう。

1．ものまねリサーチを必ずやる
2．こまめに商品をチェックする。今日は出会えなかった商品が、明日はあるかも！
3．中古の場合は、状態や付属品について、仕入れる前に確認する

これを意識して、ネットショップの商品を探してみましょう。

レベル１～５まで実践できたら、後は数をこなしていきましょう！　たくさん

の商品を見て、たくさんのリサーチをして、たくさんの商品を販売する。これらの繰り返しによって、いつの間にかあなたのｅＢａｙ輸出における実力がアップしていくことは、間違いありません。

ｅＢａｙ輸出はコツコツ続けることが、成功への早道です。そのためにも、楽しみながら、あなたの回りの日本限定グッズを探して、ｅＢａｙで販売してみましょう！

実践事例12

セガサターンソフト

CHECK!

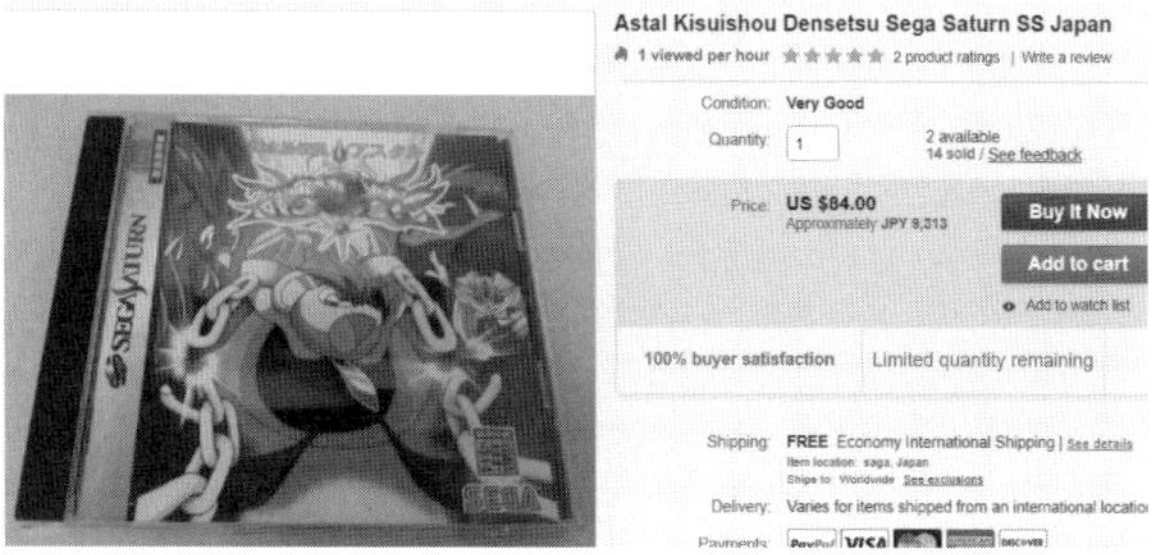

ヤフオクでの仕入れ値は3,000円前後、eBayでの販売値は$84（約9,313円）でした。

ネットで仕入れるときは、実物を見たり触ったりすることができないので、写真や説明文をチェックし、さらにわからなければ出品者に質問するなど、商品の状態をできる限り確認します。「箱がついているか?」「動作が正常かどうか、事前に確認できているか?」「傷が少ないか？」など、商品の種類によって、チェックポイントが変わってきます。「自分がもしこの商品を買うとしたら、どんな点が気になるかな?」と、買う側の立場になって考えてみると、チェックポイントが思いつきますよ。

実践事例13

ポケモン電報トロフィー

CHECK!

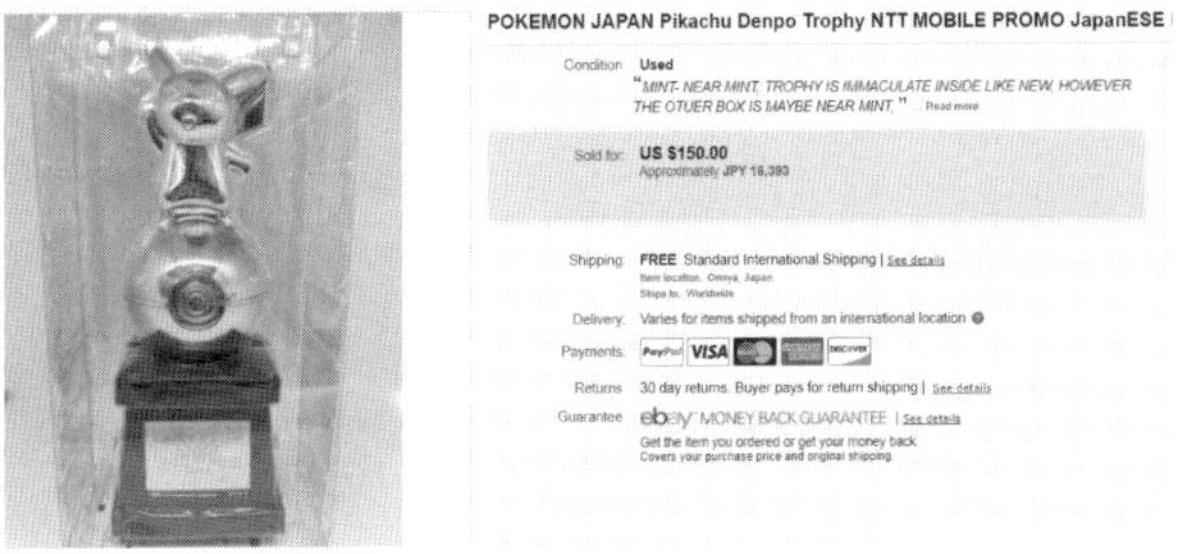

ヤフオク、メルカリとも仕入れ値は2,500円前後、eBayでの販売値は$150（約1万6,393円）でした。

いろいろなものが出ている、郵便局の電報。実は、これも売れてしまうのです。これはピカチュウのフィギュアになっているので、人気があります。「でも、電報をもらう機会がない」なんて思わず、そこはネット仕入れを活用しましょう！ メルカリにもヤフオクにも、他のネットショッピングサイトにも、新品も中古品も、たくさん販売されています。その中から、海外と国内で価格差があるものを探して、仕入れて、eBayで売る。このシンプルな作業が、このビジネスのすべてです。

おわりに

「輸出は決して難しいものではなく、楽しくて面白いもの」

このことをたくさんの人に知っていただきたくて、私はこの本を書きました。

公務員を辞めた後、初めてのビジネスとして私が取り組んだのが、ｅＢａｙ輸出です。これにより、私は自由な生活を手に入れ、人生がガラリと変わりました。

決して、毎日会社に行く生活が悪いと言っているのではありません。でも、人生にはいろいろな選択肢があります。もしも今の生活に不満があるのなら、それを我慢するのではなく、解決できる手段もあるのです。このことも、私の経験を通してお伝えできればと思っています。

そして、もう１つお伝えしたいことがあります。それは、

「知らない世界を知ることは楽しい！」

ということです。

公務員から自営業になり、eBay輸出を始めた時は、すべてを自分で管理して、すべての責任を負い、そしてすべての結果が自分のものになることに、正直なところ、苦労もありました。しかし、それ以上の喜びがありました。

そして講師業を始めて、自分でできることを人に教えるということの難しさを、知りました。さらに、生徒さんたちが結果を出せると、自分のこと以上にうれしいという感動があることも、わかりました。公務員だった時には知り合うこともなかったであろう、さまざまな経験をした方たち、個性的な方たちとの出会いもありました。

さらに、物販の世界から外に出て、地元・埼玉のビジネス交流会に参加してみたところ、eBay輸出業という仕事が、世間でまったく知られていないのを知ることになります。eBayの魅力をお話すると、皆さんが興味を持ち、驚きながらも話を聞いてくれることが、新たな発見でした。

これを機に私は、「もっとeBay輸出の楽しさを、世間に広めていきたい！」という気持ちになり、セミナーを開催するようになりました。そしてeBay輸出を気軽に学べる、「プラスポート物販部」というスクールを立ち上げ、さらにこの本を出版することになったのです。

「転売」という言葉に、世間ではあまり良い印象はないかもしれません。「商品を左から右に流して、その差益を取るだけのもの」と思われているかもしれません。

ですが、私は「転売」「物販」「eBay輸出」に誇りを持っていて、人に喜ばれる素晴らしい仕事だと思っています。それは、「安く仕入れて高く売る」の過程には、「欲しい人のところに商品を届けて、喜んでもらう」という大きな責任を負っているからです。

ですから、ちゃんと商品の検品をして、清掃もして、しっかりと梱包をして、期間内に発送をして、商品を買ってくれた人が喜んでくれるようにするところまで。そこまでしっかりと責任を持ってやっていたら、「物販が仕事だよ」と、堂々と言えるのではないでしょうか。

中途半端な仕事をしていたら、それは絶対に長くは続きません。私は、「長く続いてこそビジネスである」と考えています。そのための努力は惜しまないのが、私のポリシーです。

輸出ビジネスには楽しさもあります！　日本で生活していると、あまりにも当たり前になっていて、見過ごしてしまうことはよくあります。でも、ｅＢａｙ輸出をやってみると、本当は当たり前が当たり前ではないと、気付くことができます。

日本の製品がこんなにもたくさんあって、世界で知られている。人気があって、性能や品質が高い。こういった事実を知ることができました。また、日本の文化について、海外の人の方が私よりもずっと詳しいことを知り、改めて、「日本ってスゴイ!」「日本って素晴らしい!」と、日本の良さを知ることもできました。自分の恵まれた環境に気づき、感謝しています。

そして、新型コロナウイルスの感染拡大により、家で買い物をする、家で働くことがより普及してきました。魅力ある商品を欲しい人に届け、喜んでもらえて、さらにはそれが収入の柱にもなる。そんな素晴らしいeBay輸出の魅力。この本であなたに少しでも伝わったら、心からうれしく思います。

すべての皆さまに感謝申し上げます。ありがとうございました。

荒井智代

著者プロフィール

荒井智代

東京都出身、東京工業大学修士課程修了。イーベイジャパン公認コンサルタント。社会人のための稼げる部活「プラスポート物販部」主宰。

2013年、14年勤めた特許庁を退職し、eBay輸出をスタート。７カ月目で月収100万円を達成。パソコンさえあればどこでも仕事ができるようになり、「好きな場所で暮らしたい！」という夢を実現した。

2015年から、売上高36億円の相場検索ツール会社「オークファン」（東証マザーズ上場企業）にて、オークファンeBay輸出スクールの講師を務める。２年で１期100人、計３期で300人を、まったくの初心者から利益５万～100万円を上げるまで育てた。

2017年６月から、社会人のための稼げる部活「プラスポート物販部」を主宰。働き方改革で副業が求められている時代、「スポーツジムに通う感覚で気軽に副業を学び、給料以外の収入の柱を作る」をコンセプトにしている。

・プラスポート物販部
　https://atplusport.com/
・荒井智代【eBay輸出】公式YouTubeチャンネル
　https://www.youtube.com/c/plusbonbuono

1日30分からはじめる

はじめてのeBay

2019年8月2日　初版第1刷発行
2023年5月16日　第2版第2刷発行

著　　者　荒井智代
企画協力　小島和子（企画のたまご屋さん）
デザイン　吉村朋子
D　T　P　有限会社中央制作社
発 行 者　石井　悟
発 行 所　株式会社自由国民社
〒171-0033 東京都豊島区高田3-10-11
電話03-6233-0781（代表）
https://www.jiyu.co.jp/
印 刷 所　大日本印刷株式会社
製 本 所　新風製本株式会社
©Tomoyo ARAI 2021 Printed in Japan

乱丁・落丁本はお取り替えします。
本書の全部または一部の無断複製（コピー、スキャン、デジタル化等）・転訳載・引用を、著作権法上での例外を除き、禁じます。ウェブページ、ブログ等の電子メディアにおける無断転載等も同様です。これらの許諾については事前に小社までお問い合わせください。
また、本書を代行業者等の第三者に依頼してスキャンやデジタル化することは、たとえ個人や家庭内での利用であっても一切認められませんのでご注意ください。

本文中の為替レートは、各商品を売買した時点のものです。また、本書に掲載しているウェブ上の仕様や情報等は予告なく変更される場合があります。

本書の内容の運用によっていかなる障害が生じても、著者、発行者、発行所のいずれも責任を負いかねます。また本書の内容に関する電話でのお問い合わせ、および本書の内容を超えたお問い合わせには応じられませんのであらかじめご了承ください。